Frank Jubelius
Der Beginn deiner Reise zu dir SELBST

AF187925

Frank Jubelius

Der Beginn deiner Reise zu dir selbst

Lichtarbeiter & Reisebegleiter

Frank Jubelius

Die Bibliografische Information der Deutschen Bibliothek

Die Deutsche Bibliothek verzeichnet diese Publikation in der Deutschen Nationalbibliografie; detaillierte bibliografische Daten sind im Internet über www.d-nb.de abrufbar.

Umschlagabbildung: © Christine Schmid, Regensburg, unter Verwendung einer Abbildung von © ralwel, Fotolia
Autorenfoto: Melissa Jubelius, Dillingen a. d. Donau
Herstellung und Verlag: BoD - Books on Demand, Norderstedt
© 2017 Alle Rechte beim Autor

ISBN 978-3-7448-9239-1

Inhaltsverzeichnis

»Sei gegrüßt durch mich,
du liebe- und lichtvolles Wesen,
und dies von Seele zu Seele.
Dir sei die Endlosigkeit gegeben,
um du selbst zu sein.«

Frank Jubelius – Lichtarbeiter

Das Glaubensbekenntnis
der Lichtarbeiter

ICH BIN ein Lichtarbeiter

- Ich wachte auf, damit andere aufwachen.
- Ich lerne, damit auch andere lernen.
- Ich verwandele mich, damit sich andere verwandeln.
- Ich erleichtere meine Last, damit andere die ihre verändern.
- Ich lerne zu sehen, damit andere auch sehen.
- Ich vergab mir *selbst,* damit ich anderen helfen kann zu vergeben.
- Ich liebe mich *selbst,* damit ich die Liebe in anderen hervorbringen kann.

ICH BIN ein Lichtarbeiter

- Ich lebe, um Trost zu spenden.
- Ich lebe, um liebendes Licht auf andere zu werfen.
- Ich lebe, um zu heilen.
- Ich lebe, um Hoffnung zu geben.
- Ich lebe für die Wahrheit.
- Ich lebe, um zu lieben. *

* Christopher Rivas: *A Lightworker's Creed* (›Ein Glaubensbekennntnis der Lichtarbeiter‹) [Fußnoten: siehe Quellenangaben am Schluss des Buches.]

Ein paar Worte zu mir selbst

An dieser Stelle könnte ich nun das »Übliche« über mich schreiben und mich dadurch ein wenig vorstellen, sodass du dir ein Bild von mir machen kannst, zum Beispiel, wie alt ich bin, ob ich Familie habe usw. Oder wie oft ich schon hier auf diesem wunderschönen Planeten Erde inkarniert bin, was ich ehrlich gesagt nicht weiß. Wichtig ist, dass ich jetzt hier (im *Jetzt und Hier*) bin, um dich als Lichtarbeiter auf deiner Reise zu dir *selbst* zu begleiten, zu leiten und zu führen.

Um dir kurz zu erläutern, wie mir offenbart wurde, dass ich ein Lichtarbeiter bin:

Ich war in einer Vollmondnacht zum Wandern im Wald unterwegs, aus einem für mich ganz bestimmten Grund und daher zu einem für mich sehr wichtigen Ort. Bei Sonnenaufgang auf dem Rückweg zu meinem Auto hielt ich inne und wandte mich mit einer Bitte direkt an meinen Schöpfer. Zu meinem Erstaunen bekam ich gleich darauf eine klare Antwort, und zwar von meinem Schöpfer »persönlich«. Er hat zu mir gesprochen; ich habe ihn zwar nicht akustisch hören können, aber ich habe ihn gefühlt, und das intensiv. In Bezug auf meine Bitte sollte ich noch etwas geduldig sein.

Danach habe ich erst einmal meinen Weg fortgesetzt und da war dann auch zum ersten Mal der Begriff *Lichtarbeiter* in meinen Gedanken. Bis zu diesem Zeitpunkt hatte ich keinen blassen Schimmer, was ein Lichtarbeiter überhaupt ist, geschweige denn was dieser tut. Ich dachte mir noch, ein Lichtarbeiter, der bin ich beim nächsten Mal, bei meiner nächsten Inkarnation. Erst einmal in diesem Leben weitere Erfahrungen sammeln, um diese bei meinem erneuten »Aufenthalt« hier dann als Lichtarbeiter weiterzugeben. Eine schöne Vorstellung – dabei war für mich bereits etwas ganz anderes bestimmt.

Das wurde mir eine Woche später offenbart bzw. ich wurde wieder daran erinnert, dass ich selbst ein Lichtarbeiter bin. Von wegen nächstes Mal, ich kann mir sehr gut vorstellen, dass sich mein Schöpfer und der Rest der Familie darüber etwas amüsiert haben. Von diesem Augenblick an begann sich für mich alles zu verändern. Ich habe damit begonnen, mich zu verändern, indem ich zu meinem wahren *Selbst* transformiere, zum Bewusst-Sein. Seitdem habe ich auch eine sehr klare und sehr intensive Verbindung zu meinem Schöpfer. Ich bin ihm auch mittlerweile auf einer meiner Wanderungen mitten im Wald selbst begegnet. Dazu später mehr. Es wurde mir zum *richtigen Zeitpunkt* mitgeteilt, wer und was ich wirklich bin und *warum* ich hier bin. Ich war offensichtlich bereit für diese Offenbarung. Ein sehr wichtiges Ereignis ist vorangegangen, ein Signal, dass ich so weit bin.

Alles tritt zum *richtigen Zeitpunkt* in dein Leben ein und dieser ist dann gekommen, wenn du dafür bereit bist.

Ich distanziere mich von Aussagen anderer Lichtarbeiter, die über solche Zahlenspiele sprechen und sich ihre Gedanken darüber machen, dass zum Beispiel ca. 3–4 % oder acht Millionen von uns Lichtarbeiter sind. Auch weiß ich nichts von einer Tafel oder einem Tisch, an der/dem wir Lichtarbeiter uns versammeln, was für mich einer Abtrennung vom großen Ganzen gleichkäme. Wäre das wirklich so, dann wären wir Lichtarbeiter privilegiert und das ist mit absoluter Sicherheit nicht der Fall. Solche Zahlenspiele und die Vorstellung von einer »Tafelrunde« sind für mich unerheblich (ich erhebe mich nicht über andere) und zusätzlich ist es schon sehr fragwürdig, wenn Lichtarbeiter ihre Aufmerksamkeit auf solche Dinge lenken. Hier ist schon deine eigene Aufmerksamkeit und Achtsamkeit gefordert.

Ich empfinde stattdessen tiefe Dankbarkeit für das in mich gesetzte und mir entgegengebrachte bedingungslose Vertrauen meines Schöpfers, sodass ich vielen von uns dadurch voranschreiten kann. Jeder Einzelne von uns, der sich dem Licht zuwendet und damit dem eigenen Christus-Bewusstsein, ist für mich ein Lichtarbeiter. Ich freue mich über jeden von euch, der den Weg zu mir findet, damit ich auf seiner Reise zu sich *selbst* ein Stück weit sein Reisebegleiter sein kann, so wie du es dann auch auf meiner Reise bist.

Noch etwas solltest du über mich wissen. Ich bin weder ein sogenannter »Spiritueller Lehrer« noch ein »Spiritueller Lebensberater«. Ich verfüge über keinen akademischen Abschluss in Psychologie oder Ähnlichem, somit auch über keine entsprechenden Diplome oder Zeugnisse. Auch sammele ich keine Zertifikate von Fernlerninstituten. Ich strebe solche auch weiterhin in keiner Weise an. Meine Schule ist das Leben selbst, und diese hat bereits mit meinem ersten Atemzug begonnen. Ich bin *selbst* mein bester Lehrer und zugleich Schüler. Diese Schul- und Lehrzeit ist auch noch nicht an ihrem Ende angelangt und es wird mir, wenn das Ende (der »Tod«) irgendwann mal naht, dann auch kein Zeugnis, Diplom oder Zertifikat verliehen. Am Ende dieser Schul- und Lehrzeit stehe ich *selbst*, mit all meinen gesammelten Erfahrungen.

Dich kann kein Außenstehender, mag er sich noch so spirituell geben oder auch sein, im Hinblick auf dein Bewusst-Sein-Werden wirklich etwas lehren. Es sind deine eigenen Erfahrungen, die auch dich *selbst* zu deinem besten Lehrer und zugleich zu deinem besten Schüler machen. Wie kann ich dich etwas »lehren«, was du als Seele bereits weißt? Ich begleite, leite und führe dich lediglich dabei, damit du dich wieder an dein wahres Selbst erinnerst. Dazu hast du alle Werkzeuge bereits mitbekommen.

1. Der Beginn meiner eigenen "Reise zu mir selbst"

W ie erwähnt ging dem ein Ereignis voraus. Das war die Trennung von einer Frau, die ich sehr geliebt habe. Ich bin aus dem Grund in dieser besagten Nacht an diesem besonderen Ort gewesen, um sie gänzlich loszulassen. Dennoch war es für mich eine sehr wichtige und auch vollkommen richtige Entscheidung, mich von ihr zu trennen: um mich dadurch auf meine eigene Reise zu mir selbst zu begeben. Unsere gemeinsame Zeit neigte sich bereits dem Ende entgegen, wie ich erkannte und vor allem fühlte. Mit meiner Entscheidung endete eine gemeinsame »Etappe« und ich begab mich auf eine neue. Die Trennung war auch der Auslöser dafür, dass ich mich zunächst im Außen auf die Reise begab. Ich fing mit dem Wandern an (wie im Innen, so im Außen). Jemanden zu lieben, bedeutet aber zugleich die Bereitschaft, ihn wieder loszulassen, wenn dies so bestimmt ist. Denn was wäre das für eine Liebe, wenn ich entgegen meiner Bestimmung gehandelt hätte?

»Selbst wenn sich unsere Wege wieder trennen,
so geht meine Liebe zu dir auch mit dir,
und deine für mich empfundene Liebe
bleibt für immer in meinen Erinnerungen erhalten.« *

Die Mutter einer guten Freundin, die eine kleine Part-
nervermittlung betreibt, ist, kurz nachdem ich zu meiner Reise zu mir *selbst* aufgebrochen bin, auf mich
zugekommen mit dem Vorschlag, ob ich mir vorstellen könnte, einigen ihrer männlichen Klienten »Nachhilfe« für ihr erstes Date zu geben, und zwar in Bezug
auf die entsprechende Kleidung, Auswahl der Location
etc. Also habe ich mir dann einen Schreibtisch und
Drehstuhl angeschafft und mir einen Arbeitsplatz eingerichtet. Mein Gedanke war, eine Art Fragebogen für
die Herren zu erstellen, um herauszufinden, was ihre
Beweggründe waren, um auf diese Art und Weise eine
Partnerin kennenzulernen. Nicht einem Einzigen habe
ich diese »Nachhilfe« erteilt – weil mir dies nicht bestimmt war, ganz einfach. Die Anfrage war letztendlich
»nur« der Vorwand und Anlass dafür, dass ich mir diesen Arbeitsplatz vorbereitet habe, um schließlich zum
richtigen Zeitpunkt mit dem Schreiben dieses Buches
zu beginnen und es auch zu vollenden. Das alles ist
mir aber erst später im Verlauf meiner Reise bewusst
geworden. Es war eine für mich noch völlig unbewusste Vorbereitung darauf und auch auf meine Arbeit als
Lichtarbeiter.
So kam eins zum anderen und dies tut es auch weiter-

---

* Alle nicht mit einer Quellenangabe versehenen Zitate stammen vom Verfasser.

16

hin – mit dem Unterschied, dass es mir *selbst* zunehmend gleich bewusst ist.

Im Herbst desselben Jahres, also wenige Monate nach der Trennung, fand für mich ein weiteres, ebenso wegweisendes Erlebnis statt. Ende Oktober war ich zum Wandern im Bayerischen Wald, hoch auf den Klostersteig wollte ich an diesem Samstag. Auf der Hälfte der Strecke ging mir die Luft aus. Mir wurde schwarz vor Augen und ich bin dann zu Boden gesunken und lag da mit dem Rücken auf der Erde. Nach ein paar Minuten, als ich wieder zu Atem gekommen war und etwas Wasser getrunken hatte, habe ich mich aufgesetzt. Mein Blick ging erst nach unten und wanderte dann nach oben. Innerlich wusste ich, dass ich an diesem Punkt eine sehr wichtige und wegweisende Entscheidung treffen »musste«: Entweder ich gehe wieder abwärts und das ist es dann gewesen oder ich steige diesen Berg hinauf bis zum Gipfel. Die Entscheidung war sehr schnell getroffen. Ich packte die Wanderkarte ganz weg, schnallte mir den Rucksack wieder auf meinen Rücken und dann führte mein Weg nach oben.

In diesem Augenblick, als ich mich dazu aufmachte, war auf einmal so viel Energie in mir, dass ich den Rest des Weges schon fast gerannt bin. Das Gefühl, das ich bei meiner Ankunft am Gipfel empfand, war unbeschreiblich. Von da an war mir bewusst und fühlte ich, dass ich alle meine vorgegebenen Ziele (meine Bestimmung und vollkommenes Bewusst-Sein-Werden) erreichen werde. Es war zugleich eine Prüfung. Ich prüfte meinen eigenen Glauben und mein Vertrauen an und in mich *selbst*.

Noch etwas war, während ich meinen Weg nach oben fortsetzte, zum ersten Mal in meinen Gedanken: ein Buch zu schreiben. Worüber, das wurde mir erst im Sommer des darauf folgenden Jahres bewusst. Du hältst dieses Buch in diesem Augenblick in deinen Händen und liest gerade diese Zeilen. Es war schon, wie alles andere auch, die ganze Zeit da, nur zu diesem Zeitpunkt (der erwähnte erste Gedanke daran) für mich noch nicht wahrnehmbar. Alles tritt zum *richtigen Zeitpunkt* in dein Leben und dazu bedarf es der Voraussetzung, bereit zu sein. Und das signalisierst du in dem Augenblick, wenn du dich auf die Reise zu dir *selbst* begibst.

Selbst diesen Ereignissen ging fünf Jahre zuvor eine sehr einschneidende Erfahrung voraus: die Trennung meiner Frau, die ich ebenso sehr liebte, von mir. Nachdem ich mich nach einer gewissen Zeit von diesem »Schock« (ein Weckruf, den ich aber als solchen noch nicht erkannte) erholt und mich wieder gefangen hatte, habe ich mich auf die Suche nach mir *selbst* begeben, damals noch zum größten Teil unbewusst. Auch vor der Trennung durch meine Frau waren die ersten Anzeichen, nun im Nachhinein, dafür bereits lange vorher erkennbar gewesen. Aber mein Ego hatte dies immer wieder ins Unbewusst-Sein verdrängt. Weil der Zeitpunkt dafür noch nicht gekommen war, um dies und so vieles andere zu erkennen, ich noch nicht bereit war dafür, bereit für mich *selbst*. Dennoch ist all das richtig so, es ist ein Teil meiner Reise, somit Teil meines Seelenplanes. Es ist und bleibt alles Bestimmung.

Die Partnerschaften und somit die gemeinsame Zeit mit diesen beiden wunderschönen Frauen enthielten so manche Lektion für mich, die es zu lernen galt. Zum Beispiel die Erfahrung des Losgelassenwerdens und die des *selbst* Loslassens. Heute weiß ich, warum diese beiden Formen des Loslassens so wichtig für mich waren. Ohne die Erfahrungen des Loslassens wäre ich ja erst gar nicht auf meiner Reise zum *Bewusst-Sein-Werden*.

Das Enden dieser beiden Beziehungen markiert zwei von vielen wichtigen Wendepunkten auf meinem Lebensweg. Sie waren zudem meine eigenen »Weckrufe«. Noch einige Wochen bevor ich dieses Erlebnis im Wald mit meinem Schöpfer hatte, führte ich ein Selbstgespräch im Inneren. Dabei war auf einmal der Gedanke da, dass so viel Potenzial in mir sei, auf das ich aber zu diesem Zeitpunkt noch nicht zugreifen konnte, weil ich mir auch nicht bewusst war, um welches Potenzial es sich dabei handelte. Dies änderte sich, als ich wieder daran erinnert wurde, dass ich ein Lichtarbeiter bin. Ich *selbst* war und bin dieses Potenzial. Zu dem Potenzial zählt auch der philosophische Aspekt meiner *selbst*, der wie viele weitere Aspekte wieder mit in das Bewusst-Sein hervorgetreten ist. Es sollten aber weitere zwei Jahre ins Land ziehen, bis der Philosoph in mir hervorkam. Es geschah zu dem Zeitpunkt, als ich in den letzten Zügen des Schreibens an diesem Buch war. Da wurde mir von meinem Cousin Jonas ein Buch mit Zitaten von Marcus Aurelius (»Wege zu sich selbst«) empfohlen. Als ich dieses Werk dann in meinen Händen hielt und sporadisch darin blätterte und las, begann ich noch am gleichen Tag damit, Zitate und Weisheiten, nur für mich *selbst*, mühelos zu verfassen. Marc Aurel, unter diesem Namen kennt man ihn besser, war der Auslöser dafür, dass ich mich *selbst* wieder an diesen meinen eigenen philosophischen Teil erinnerte. Mir wurde zum stimmigen Zeitpunkt dadurch wieder etwas zuteil, das von großer Bedeutung war auf meiner eigenen Reise zu mir *selbst*. Ich als Bewusst-Sein trat dadurch wieder ein Stück mehr hervor. Jemand aus meinem Umfeld sagte dazu, dass neue Energien einfließen. Ich *selbst* sehe dies aber völlig anders, es fließt nichts von außen ein, es tritt »nur« wieder ein weiterer Aspekt meiner *selbst* von innen nach außen hervor, der schon immer da war, und dies seit meiner Ankunft (Geburt) hier. Es steigen keine weitere Seelenanteile von irgendwo herab, das ist einer von vielen Irrglauben, die da verbreitet wurden und werden. Dazu mehr im Kapitel »Seelenanteile und das *höhere Selbst*«.

So wie *Aurelius* ist auch *Jubelius* ein rein römischer Name. So ähnlich, wie unsere Namen sind, so verwandt sind auch unsere Ziele. Sein oberstes Ziel war es, Gott gleich zu werden – das meine: vollkommenes Bewusst-Sein-Werden. Aus ihm ist »etwas« geworden, er war nicht nur ein Philosoph, sondern auch ein römischer Kaiser. Was wird aus mir? Ich *selbst*. Mit dem Mann hätte ich mich auf Anhieb verstanden.

Durch dieses Buch möchte ich dich dazu ermutigen, ermuntern und auch im wahrsten Sinne des Wortes beflügeln, dich auf deine Reise zu dir *selbst* zu begeben. Somit auf deine schönste, erkenntnisreichste und längste Reise. Es kann dir Inspiration sein und dir zeigen, dass es absolut nichts gibt, wovor du dich auf deiner Reise fürchten musst. Erst recht nicht vor deiner eigenen Wahrheit, vor dir *selbst*. Das wirst du im weiteren Verlauf beim Lesen erkennen. Von Anbeginn an möchte ich dich dazu ermutigen, dass du deiner inneren Führung folgst, dir selbst folgst. Vertrauen von Beginn an in dich selbst hast. Niemand außer dir und deinem Schöpfer kennt deinen Weg, somit deinen Seelenplan. Mein Buch soll dir beim Erkennen deiner eigenen Lektionen eine Hilfe dabei sein, dich immer mehr an deinen Seelenplan zu erinnern. Den »Schleier des Vergessens« Stück für Stück zu lüften, bis du dich wieder an dich *selbst* erinnerst: daran, wer und was du wirklich bist, und auch, warum du hier bist.

Das Verfassen dieses Buches half mir selbst dabei, vieles tief ins Unbewusst-Sein Verdrängte ins Bewusst-Sein hervorzuholen. In vieler Hinsicht zur Selbsterkenntnis und auch, um Licht in jede Form meiner eigenen »Dunkelheit« zu bringen und auch vieles im Außen zu durchleuchten, auf jeder Ebene des Seins. Es hat mich ein weiteres Stück näher an das Ziel meiner eigenen Reise zu mir *selbst* gebracht. Und mein Ziel ist vollkommenes *Bewusst-Sein-Werden,* was für mich bedeutet, dass ich mich vollkommen an mein wahres *Selbst* erinnere, d. h. wer und was ich wirklich bin. Und nicht, zu dem im Lichtkörperprozess beschriebenen »galaktischen Menschen« zu transformieren.

Vieles auf deiner »Reise« wirst du nicht auf die herkömmliche Art und Weise (Hören und Sehen) erfassen können. Deine Wahrnehmung wird sich völlig verändern. Du nimmst deine Umgebung, deine Mitmenschen und dich *selbst* durch das Fühlen immer mehr und intensiver wahr. Für deine Augen und Ohren nicht Wahrnehmbares vermagst du wieder mit deinen Gefühlen zu »sehen und zu hören«. Mit anderen Worten, du wirst hellsichtiger, hellhöriger und hellfühliger werden und dadurch Dinge wahrnehmen, die schon die ganze Zeit da sind. Dein Geist klärt sich zunehmend, er wird wacher und aufgeweckter. Eine von sehr vielen positiven und schönen Veränderungen und Transformationen, die du auf deiner Reise zu dir *selbst* erfährst. Du wirst allerhand »Dinge« sehen und hören, von denen du bisher geglaubt hast, dass es sie nur in Fantasy-Büchern und -Filmen gibt. Vorweg, da ist nichts, wovor du dich fürchten musst. Dir *selbst* wird auf dieser Reise absolut nichts geschehen. Du bist unterwegs permanent behütet und beschützt von deiner göttlichen, kosmischen Familie. Deinen Körper wirst du auch mit völlig anderen Augen sehen, im wahrsten Sinne ein »Körpergefühl« entwickeln oder besser noch: es wieder entdecken. Denn alles ist bereits da. Ihr beide, dein Körper und du, werdet eine sehr intensive und ebenso klare Kommunikation miteinander haben.

Dein Körper hat dir in vielerlei Hinsicht in Bezug auf dich *selbst* viel zu erzählen und dir mitzuteilen. Der Begriff *Körpersprache* bekommt dadurch eine vollkommen andere Bedeutung. Mit dem Voranschreiten auf deiner Reise zu dir *selbst* kommt diese Erinnerung wieder: daran, wie du die Sprache deines Körpers verstehen und deuten kannst. Einige Dinge wird er über immer wiederkehrende »Erkrankungen« versuchen dir mitzuteilen, und das eben so lange und so oft, bis du die darin enthaltenen Botschaften verstehst. Habe in dieser Hinsicht Geduld mit dir *selbst*, das wird schon, glaube mir. Aber vergiss bitte nicht: Dein Körper, dein irdischer »Transportbehälter«, seit du bei deiner Geburt in ihn gekehrt bist, ist ein lebender Organismus. Und der unterliegt dem Zellverfall, der Alterung, der Abnutzung und ist natürlichen Erkrankungen ausgesetzt (z. B. die ganzen Kinderkrankheiten Masern, Windpocken usw.). Worauf ich damit hinaus möchte: Interpretiere nicht in alles eine Nachricht hinein. Dass es mal hier und dort zwickt und knackst, ist in Ordnung. Auch das wirst du differenzieren können: wann dir dein Körper wirklich etwas sagen möchte. Ich zum Beispiel hatte vor ca. zehn Jahren zweimal eine Operation am Meniskus des linken Knies, aufgrund einer Verletzung beim Joggen. Damals aber verstand ich diese Nachricht, die mir mein Körper (warum mir dies tatsächlich widerfahren ist) dadurch zukommen ließ, noch nicht. Über den wahren Grund bin ich mir heute schon länger im Klaren. Seitdem habe ich aber immer wiederkehrende leichte Schmerzen, mit dem Unterschied, dass ich dies schon ein paar Tage vorher weiß, nämlich dann, wenn ein Wetterumschwung (die sogenannte Wetterfühligkeit) ansteht. Diese Schmerzen enthalten für mich keine Nachricht mehr, weil ich weiß, woher sie rühren. Im Knie fehlt nun mal seitdem Knorpel auf dem Gelenkkopf und der Meniskus ist teilweise entfernt. Das möchte ich dir damit sagen: wie das mit der Differenzierung zu verstehen ist, die sehr wichtig für dich ist. Sonst kann es durchaus sein, dass du eben bei jedem Zwicken und Knacksen nicht fertig wirst mit dem Deuten. Nicht alles enthält eine Botschaft.

Manchen von euch wird auffallen, dass ich selbst in diesem Buch werte und urteile. Ja, das stimmt, auch wenn es paradox klingen mag. Ich tue dies völlig bewusst, obwohl Bewusst-Sein weder das eine noch das andere tut (hierbei ist das sogenannte Diabolische Bewusstsein aktiv, dazu später mehr). Auch dessen bin ich mir bewusst, ich tue nichts ohne Grund, sondern um damit eine ganz bestimmte Gruppe von Menschen anzusprechen oder anzutriggern. Das tue ich mehrmals in diesem Buch.

Dabei vertraue ich meiner Intuition bedingungslos – und somit letztlich mir *selbst*. Niemand von uns tut etwas grundlos. Hinter allem Tun und Handeln steckt immer eine klare Absicht. Auch wenn sich viele darüber nicht im Klaren bzw. sich dessen nicht bewusst sind.

Die Fäden dazu halte ich ganz allein fest in meinen Händen und lasse auch nicht zu, dass irgendjemand daran zieht. Ich spreche hier von der Eigenverantwortung, davon also, was in dem schönen Sprichwort so treffend gesagt ist: »Jeder ist seines Glückes Schmied«. Auf meiner bisherigen eigenen Reise sind mir doch recht oft Menschen begegnet, die glauben, weil sie in sich das spirituelle Wesen wieder entdeckt und erkannt haben, sich auch zugleich ihrer *selbst* bewusst zu sein. Spirituell zu sein, und das sind wir ja alle, bedeutet aber nicht unbedingt auch Bewusst-Sein, das aber glauben sehr viele. Das Selbsterkennen als spirituelles/geistiges Wesen ist der erste Schritt dazu, Bewusst-Sein zu erlangen. Der nächste wäre, die »Tür« zum Bewusst-Sein-Werden auch zu öffnen. Den Schlüssel für diese »Tür« trägst du schon seit deiner »Ankunft« (Geburt) hier bei dir, du *selbst* bist der Schlüssel und das Schloss. Aber nur du *selbst* bist in der Lage, diese »Tür« auch zu öffnen, sonst niemand. Auch ich als Lichtarbeiter kann dich lediglich dabei unterstützen, dass du deinen Schlüssel zu dieser »Tür« wiederfindest. Erst auf der anderen Seite der »Türschwelle« werde ich dich weiter auf deiner Reise zu dir *selbst* begleiten, leiten und führen. Denn diese »Tür« lässt nur so viel Platz, dass einer allein hindurchpasst. Wir sehen uns auf der anderen Seite. Stoße sie gleich ganz weit auf und tritt über diese »Schwelle«. Habe den Mut, es zu tun.

Manchen Menschen ist es zu anstrengend und zu zeit-intensiv, die Tür nicht nur aufzustoßen, sondern auch über die Türschwelle zu treten. Das ist richtig, Bewusst-Sein-Werden ist mit sehr viel Arbeit an dir selbst (»Seelenarbeit«) verbunden und nimmt viel deiner Aufmerksamkeit und Energie in Anspruch. Es setzt voraus: Glaube, Vertrauen, Geduld, Beharrlichkeit, Wollen und die Bereitschaft des Loslassen in vielerlei Hinsicht. Doch glaube mir, dass alle deine Anstrengungen und Mühen für dich Früchte tragen werden. Du selbst bist diese Frucht, die du ernten wirst. Jede Frucht braucht ihre Zeit zum Reifen.

Über das Thema Manipulation schreibe ich in verschiedenen meiner Kapitel, denn dieser sind wir alle permanent in allen Bereichen unseres täglichen Daseins ausgesetzt. Diese Manipulationen beschränken sich nicht mehr nur auf die 3D-Welt, sondern sie finden auch auf der spirituellen/geistigen Ebene massiv statt. Warum sich auch damit nur auf die eine Welt bzw. Ebene beschränken, wenn schon, denn schon, dann wird auf alles Einfluss genommen. Denn die geistige/spirituelle Welt ist der Spiegel für die 3D-Welt und diese wiederum der Spiegel für die geistige/spirituelle Welt. Keine halbe Sachen machen! Deshalb hinterfrage ich sehr vieles und möchte dich dazu anregen, es mir gleichzutun. Vorab noch eine wichtige Anmerkung. Wenn ich über der Teufel schreibe (und das tue ich in diesem Buch aus verschieden Gründen), dann tue ich dies nicht von einer Person oder Gestalt, sondern es handelt sich hierbei um das konzentrierte Diabolische Bewusstsein (dazu mehr an späterer Stelle), dem sich viele von uns verschrieben haben, und zwar bereits über einen längeren Zeitraum hinweg, durch viele Inkarnationen hindurch und über viele Generationen hinweg weitergegeben. Diesem Bewusstsein haben sie sehr große Energie zufließen lassen und ihm somit Macht verliehen. Das Diabolische Bewusstsein ist, ebenso wie das Christus-Bewusstsein, in der Lage zu manifestieren. Schon gleich zu Beginn für dich etwas sehr Wichtiges in Bezug auf das Diabolische Bewusstsein: Es ist ein Teil von dir selbst, so wie es das von uns allen ist.

Der Teufel wird oft als Gestalt mit Hörnern und auf Hammelbeinen dargestellt, Gott mit langem, weißem

Rauschebart und die Engel mit Flügeln. Unter anderem damit der Verstand und die Augen es bildlich erfassen können. Unser Schöpfer sendet zu uns ja immer Engel (Geschwister in Menschengestalt). Keiner von diesen Erdenengeln trägt sichtbare Flügel.

Es hat natürlich einen sehr guten Grund, warum ich zu Beginn meines Buches so ausführlich auf meine eigene Reise zu mir *selbst* eingehe. So möchte ich dir ermöglichen, *selbst* zu erkennen, dass es auch auf deinem bisherigen Lebensweg solche oder zumindest ähnliche »Zufälle« und Ereignisse gegeben hat. Und diese warten nun darauf, von dir erkannt und dann zu einem »Gesamtbild« (deines wahrem *Selbst*) zusammengefügt zu werden wie ein Puzzle. So wie ich es getan habe und auch weiterhin tun werde. Nichts geschieht uns »zufällig« und grundlos.

Nun wünsche ich dir viel Freude beim Lesen! Mache dir meine Erfahrungen, mein Wissen und auch meine Sicht auf die Dinge, soweit es dir möglich ist, für deine eigene Reise und somit auch für andere zunutze.

> *»Deine Reise zu dir selbst*
> *beginnt mit dir selbst*
> *und sie endet bei und mit dir selbst.*
> *Und deine Reise hat bereits begonnen,*
> *in diesem Augenblick.«*

2. Dein Leben – dein Weg – dein Seelenplan

Nichts geschieht uns zufällig, es gibt keine Zufälle. Dazu gehören auch die sogenannten Schicksalsschläge, es sind »Schlaglöcher/ Weckrufe« auf deinem Weg zu dir *selbst* – zu deinem *Bewusst-Sein-Werden*: Um aus dem ICH/EGO–SEIN zu erwachen. Letztendlich dienen sie dazu, um uns unserer *selbst* wieder *bewusst* zu werden. Damit wir uns wieder daran erinnern, wer und was wir wirklich sind, warum wir hier sind und damit wir unsere wahre *Berufung* und *Bestimmung* erkennen.

Diese Weckrufe gilt es zuerst als solche zu erkennen. Ist dies nicht der Fall, dann wiederholen sie sich so lange, werden auch mit jedem weiteren immer lauter und schmerzhafter, zum Beispiel als wiederkehrende Krankheiten, ständiger Jobverlust, wiederholter Führerscheinentzug, mehrmaliges Heiraten u. a. m.), bis sie als solche letztendlich erkannt sind.

Du allein hast sie in deinem von dir eigens geschriebenen Seelenplan »eingeplant«, alles ist vorherbestimmt, um bestimmte, ebenfalls von dir *selbst* festgelegte Lektionen zu lernen und die daraus resultierenden Erfahrungen zu sammeln.

Allein du bist für dein Leben hier und für die damit verbundenen Erfahrungen (positive und negative) verantwortlich. Wir kreieren permanent, bewusst und unbewusst, mit all unseren Gefühlen, Emotionen, Empfindungen, Gedanken, Entscheidungen und Handeln dieses unser Leben.

Deshalb suche nie die Ursache (Schuld) im Äußeren, deine Außenwelt dient dir lediglich als Spiegel deiner selbst, zeigt dir die Wirkung deiner Entscheidungen, die du ja selbst triffst (Ursache und Wirkung). Ein sehr beliebter Verantwortlicher, auf den oft gezeigt wird, ist Gott: »Warum tust du mir das an?« oder: »Warum bestrafst du mich?!« Doch Gott oder wen auch immer für diese Schicksalsschläge auf deinem Weg verantwortlich zu machen funktioniert nicht. Bleibe in deiner Eigenverantwortung, raus aus der Opferhaltung, stattdessen auch die eigene »Täterschaft« erkennen und dadurch zu sich selbst stehen.

Wie ich schon oft beobachten konnte, geben viele von uns ihre Eigenverantwortung unbewusst ab. Zum Beispiel beim Friseur der Kunde neben mir. Er wurde gefragt, ob er eine warme oder kalte Gesichtskompresse möchte. Das sei ihm egal. So hat er völlig unbewusst seine Eigenverantwortung an jemanden abgegeben. Du allein hältst die »Fäden« (die Verantwortung für dich *selbst*) in der Hand, dann lasse doch auch niemanden im Außen daran ziehen und Entscheidungen für dich treffen. Dein Ego reagiert, während du als Bewusst-Sein entsprechend agierst, ins Handeln gehst, die »Dinge« selbst in die Hand nimmst.

Ich stelle immer häufiger in meinem Umfeld fest, wie viele von meinen Mitmenschen darüber enttäuscht sind, dass ihre Erwartungen, die sie in andere setzen, nicht erfüllt werden. Da kommen dann schon mal Aussagen und Äußerungen wie »Ich bin maßlos enttäuscht von dir/ihr/ihm« oder »Ich erwarte von dir/ihr/ihm, dass du/sie/er …«. Ebenso stelle ich das auch in den sozialen Netzwerken fest, wo viele ihren Unmut und ihre Enttäuschung darüber mitteilen, wie desillusioniert sie sind von manchen ihrer Mitmenschen. Die sich ja da tatsächlich »erdreisten«, die in sie gesetzten Erwartungen nicht zu erfüllen. Dies zeigt, wie viele es von uns doch noch immer gibt, die enttäuscht von anderen sind, dies letzten Endes aber in Wahrheit von sich selbst sind.

Niemand anderes im Außen ist dir gegenüber zu irgendetwas auch nur im Geringsten verpflichtet, schon gar nicht dazu, deine in Wirklichkeit an dich von dir selbst gestellten Erwartungen (*Selbsterwartungen*) zu erfüllen. Ja genau, du liest vollkommen richtig, es sind immer deine eigenen Erwartungen, die du noch nicht imstande bist zu erfüllen und deshalb unbewusst auf Menschen in deinem näheren Umfeld überträgst, spiegelst und projizierst. Dein Äußeres spiegelt dir hierbei – und das tut es immer – dein Innerstes.

Sieh diesen Spiegel als Hilfsmittel an, dich *selbst* zu erkennen. Das kann ich dir als Lichtarbeiter versichern: dass du genau diese Selbsterkenntnis auf deiner Reise zu dir *selbst* immer mehr erlangst.

Also bleibe bei dir, schaue dir an, inwieweit du selbst *deine* Erwartungen, die du an andere im Äußeren stellst, dir selbst gegenüber nicht erfüllst, und auch, warum du das nicht tust, vermutlich nicht kannst. Gehe also hinüber in deine *Selbst-* und *Eigen*-Verantwortung. Du ganz allein bist für dein Leben, dein Dasein hier verantwortlich. Niemand anderes kann und wird deine Erwartungen erfüllen können.

> *»Jeder von uns ist BEWUSST-SEIN.*
> *Weder du noch ich müssen den Ansprüchen und den*
> *Erwartungen eines anderen entsprechen*
> *und diese erfüllen.«*

Was ist richtig und was ist falsch? Sind es Wege, von denen du glaubst, dass sie die falsche Wahl waren, die dich nicht dorthin geführt haben, wohin du wolltest? Du wirst sehen, dass sie sich letzten Endes »nur« als Wegweiser für dich entpuppen, um auf den dir vorbestimmten (richtigen) Weg hinzuweisen, der dich zu dir selbst führt. Oder sind es Entscheidungen, die du schon vor langer Zeit getroffen hast und von denen du glaubst, dass sie falsch waren? Du triffst keine falschen Entscheidungen, jede von dir getroffene Entscheidung ist richtig, weil du jede aus der festen Überzeugung heraus gefällt hast, dass sie die richtige für dich ist. Beim geringsten Zweifel hättest du nicht so entschieden.

Und genau wie beim vermeintlich falschen Weg zeigt sich dir zum *richtigen Zeitpunkt*, dass alle deine von dir getroffenen Entscheidungen für dich selbst immer die richtigen waren. Diese von dir angezweifelten Entscheidungen sind Teil deines Bewusst-Sein-Werdens, sie sind Teil deines vorherbestimmten Weges dorthin. Auch die Wahl der Partner ist immer die richtige, unabhängig davon, wie lange der gemeinsame Weg geht und wie dieser verläuft. Wäre es nicht so, dann wärst du erst gar nicht mit diesem/dieser Partner/in zusammengeführt worden.

Lasse dich in jeder Hinsicht auch nicht von außen beeinflussen, schließlich kann niemand wissen, was für dich selbst richtig oder falsch ist, nur du allein. Es ist doch wunderschön, durch das Enden einer Partnerschaft und den dadurch erst ermöglichten Beginn einer neuen Partnerschaft diesen Zauber und diese Magie der Liebe erneut zu erleben. Bis dann der uns dazu bestimmte Partner in unser Leben tritt, mit dem wir diesen Zauber und diese Magie bis zum »Schluss« fortführen. Die schönste Form von Zauber und Magie ist die Liebe selbst. Wenn sich die Blicke zum ersten Mal begegnen und aneinander haften bleiben zu diesem magischen Augenblick, die schönste aller Energien zwischen zwei Menschen, die füreinander bestimmt sind, somit wieder zu fließen und ihre Wirkung voll zu entfalten beginnt, jede Zelle des Körpers durchdringt und erfüllt. Und das eben mit dem für uns dafür ganz und gar bestimmten Partner, mit dem wir diesen Zauber und diese Magie bis zum »Schluss« fortführen. In Liebe zueinander, miteinander und füreinander, die von Tag zu Tag dabei unbegrenzt wächst, sodass die Partner dadurch wachsen, zusammenwachsen und damit vollkommen eins werden. Die schönste Form von Zauber und Magie, die Liebe selbst: Nur sie ist dazu imstande, dies zu vollbringen. Dabei stehen Frau und Mann zu jedem Zeitpunkt und in jeder Situation Seite an Seite, sie sind permanent auf Augenhöhe. So blickt niemand von beiden zu dem anderen herab und herauf, weder steht der eine vor noch der andere hinter seinem oder seiner Liebsten. Eins sein in jeder Hinsicht.

Hin und wieder prallen dabei Mann und Frau wie zwei Sterne aufeinander, und dabei entstehen gewaltige Energien. Es liegt dann an dir und deinem Partner, wie ihr diese Energien nutzt, um damit weiter vollkommen zu verschmelzen oder euch dadurch wieder voneinander zu entfernen.

Wie sich dir *selbst* zeigt, ist das Falsche im Nachhinein doch für dich richtig, es ist so in Ordnung, in *deiner* Ordnung. Somit gibt es für dich nichts zu bereuen und all die von dir getroffenen Entscheidungen infrage zu stellen.

Alles ist gut so, wie es ist, und das trotz aller Konsequenzen, erst recht deswegen. Konsequenzen bedeuten Veränderungen/Transformationen.

»Was dir auch begegnet, es war dir von Ewigkeit her so vorherbestimmt, und die Verkettung der Ursachen hat von Anbeginn an dein Dasein und dies dein Geschick miteinander verknüpft.« [*]

Marc Aurel

Nichts bleibt so, wie es ist, alles unterliegt permanenten Veränderungen. Im Inneren und im Äußeren, im Kleinen wie im Großen, ob *bewusst* oder unbewusst, alles ist der Transformation unterworfen. Leben bedeutet nun mal Bewegung, und alles, was sich in Bewegung befindet, verändert sich. Es liegt an dir selbst, ob im Positiven oder im Negativen, da du stets die Wahl hast.

Das Leben ist ein Bumerang, heißt es doch. In der Tat ist dies so. Sei dir aber auch dessen bewusst, dass du *selbst* (Ursache) diese Bumerangs (Wirkung) losgeworfen hast!

Weiche auf deiner Reise zu dir *selbst* auch keinem Hindernis aus, indem du versuchst, es zu umgehen. Auf Dauer funktioniert das nicht wirklich, denn diese Hindernisse werden dir immer wieder den Weg versperren. Sie werden sich als Ereignisse, Erlebnisse und Menschen darstellen, Situationen, aus denen es für dich *selbst* noch etwas zu lernen, zu erleben und zu erfahren gilt. Durch dieses Erkennen räumst du diese Hindernisse aus deinem von dir *selbst* vorgegebenen Weg. Denn auch sie sind deine Kreation und finden sich so in deinem Seelenplan wieder. Durch dieses »(Weg)räumen«

[*] Marc Aurel: *Wege zu dir selbst*

und in gewisser Weise »Aufräumen« (das Sammeln der darin enthaltenen Erfahrungen und Lektionen) von allem, was dir deinen Weg »versperrt«, wächst und reifst du als Seele. Diese *Seelenreifung* ist der Hauptanlass dafür, warum du jetzt gerade wieder hier bist. Du kannst erkennen, dass du dir schon etwas dabei gedacht hast, als du diese Hindernisse kreiert hast. Und so, wie ich meine Hindernisse auf meiner Reise zu mir *selbst* aus dem Weg schaffe, so verfügst auch du über diese Fähigkeit und diese Energie dazu. Beginne mit dem »(Weg)räumen«, leg los, du kannst das. Egal wie groß auch all diese Hindernisse erscheinen mögen, jedes davon kann aus dem Weg geräumt werden. Lasse dich nicht von ihrer Größe beeindrucken und entmutigen. Dies gilt auch für Menschen in deinem Umfeld, die im negativen Sinne auf dich einwirken wollen. Zeig ihnen stattdessen, wie und vor allem *dass* es funktioniert, gehe ihnen dadurch voran.

Dir wird zunehmend bewusster, dass dir jedes weitere »(Weg)räumen« und »Aufräumen« von Hindernissen zunehmend leichter fällt. Weil du dank der dabei bereits gewonnenen Erfahrungen weißt, wie es funktioniert. Ich wünsche dir viel Spaß und Freude bei deinen »Aufräumarbeiten«.

3. Vergebung und Verzeihung

»Als ich mich selbst zu lieben begann,
konnte ich erkennen, dass emotionaler Schmerz und
Leid nur Warnungen für mich sind, gegen meine eigene
Wahrheit zu leben. Heute weiß ich: Das nennt man
AUTHENTISCH SEIN.« [*]

Charlie Chaplin

So, wie es Charlie Chaplin zum Ausdruck brachte, empfinde ich es auch.

Ich wurde von einer für mich sehr wichtigen Frau (um genauer zu werden: die zu diesem Zeitpunkt meine Partnerin war) einmal gefragt, ob ich fähig bin, meinem größten »Feind« zu verzeihen. Zu diesem Zeitpunkt konnte ich ihr darauf ganz ehrlich gesagt noch keine Antwort geben. Heute, nach meiner Etappe (meine Reise vom 03.10.-14.10.2016), kann ich mir *selbst* darauf antworten. Ja, ich kann und ich habe es auch bereits getan. So wie wir alle besuche auch ich als Lichtarbeiter die Schule des Lebens, sprich ich habe meine Erfahrungen erleben und sammeln dürfen (wir fallen nicht als

[*] Aus einer Rede Charlie Chaplins an seinem 70. Geburtstag am 16.04.1959

»fertige« Lichtarbeiter einfach so vom Himmel). Dazu gehört der sexuelle Missbrauch an mir selbst (als damals Sechsjähriger) durch einen meiner eigenen Brüder. Bis ich diese wunderschöne Frau kennenlernte, hatte mein Ego dieses Erlebnis des Missbrauches über Jahrzehnte hinweg ins Unbewusste verdrängt. Erst durch diese sehr schöne und auch sehr erfahrungsreiche gemeinsame Zeit mit meiner damaligen Partnerin kam das Thema wieder zum Vorschein.

Und, wie gesagt, heute kann ich mit Bestimmtheit sagen, dass ich meinem Bruder verziehen habe! Ich gehe sogar noch einen Schritt weiter: Wenn er mich um Hilfe bitten würde, würde ich sie ihm genauso zuteilwerden lassen wie jedem anderen auch, als sein Bruder ebenso wie als Lichtarbeiter. Denn ich liebe meinen Bruder trotz allem, was geschehen ist. Warum ich so offen darüber schreibe? Um zu zeigen, dass es sehr gut möglich ist, seinem größten »Feind/Peiniger« zu vergeben. Es zeigt mir, dass ich mich von allen Feindseligkeiten, wie Wut und Hass, befreit habe, im Frieden mit mir *selbst* und somit auch mit meiner Außenwelt bin. Zudem bringt Hass nur noch mehr Hass hervor. Das Gefühl von Hass abzulegen, schafft Platz für das schönste aller Gefühle überhaupt: die Liebe. Von spiritueller/geistiger Seite betrachtet war das, was mir mit meinem Bruder widerfahren ist, für mich letztendlich »nur« eine Erfahrung, die des Verzeihens und des Vergebens – und zwar, auch wenn es jetzt für manchen seltsam klingt, eine sehr schöne und wichtige Erfahrung (nicht der Missbrauch). Anstatt meinen Bruder seiner »gerechten

Strafe« durch die Justiz zuzuführen, habe ich mich dazu entschieden, ihm zu verzeihen. Und nicht nur meinem Bruder, sondern auch mir selbst. Es würde meinem Empfinden nach das Geschehene nicht ungeschehen machen, und darum geht es ja auch nicht. Was geschehen ist, ist geschehen. Genau darum geht es unter anderem: es genauso anzunehmen, um Selbstannahme.

Bevor ich überhaupt damit beginne, mit Steinen (Justiz) nach meinem Bruder zu werfen: Ich sitze selbst in einem »Glashaus«. Insofern, als da noch etwas vor Kurzem erst aus dem Unbewusst-Sein an die Oberfläche gekommen ist, sich förmlich hinaufgedrängt hat. Dass ich *selbst* »Täter« war. Sechs Jahre später an zwei zehnjährigen Mädchen, und das aus dem gleichen Grund wie schon bei meinem Bruder, mit dem Unterschied, dass ich mir *selbst* verzeihen kann (Selbstverzeihung) und dies auch getan habe. Diese Erfahrungen der Verzeihung haben mich reifen und wachsen lassen. Ich habe damit etwas »Negatives« in etwas Positives verwandelt oder transformiert. Weil ich *selbst* (ich als Seele) es nicht länger zugelassen habe, dass mein Ego diese Erlebnisse weiter verdrängt, sondern sie ins Bewusstsein hervorgeholt habe. Wie nah doch Licht und Schatten, »Gut« und »Böse«, »Opferrolle« und »Täterschaft«, somit das Christus-Bewusstsein und das Diabolische Bewusstsein, beieinanderliegen! Und zwar wie immer zum *richtigen Zeitpunkt* das »Richtige« für sich selbst zu tun. Darüber hinaus bin ich mir dessen sehr bewusst, dass ich mich mit meiner Offenheit verwundbar mache und dennoch zugleich unverwundbar, weil ich frei von Angst bin. Wahre Stärke hat ihren Ursprung im innersten Kern (der Seele) und entstammt nicht der Faust (dem Ego).

Ich mache dadurch, dass ich verziehen habe, unser gemeinsames Dasein hier liebe- und lichtvoller. Und auch aus diesem Grund schreibe ich so offen darüber: Wenn ich das kann, dann kann es jeder von uns und ich reiche jedem Einzelnen von euch meine Hand dazu. Ich habe das geschafft, weil ich es wollte und bereit dazu war. Der Wille versetzt wahrlich Berge. Das ganz ohne Therapie, es gab schlichtweg nichts zu therapieren. Es ging dabei um diese eine Erfahrung des Vergebens und des Verzeihens, nicht mehr und nicht weniger. Zudem gibt es nichts an mir, dessen ich mich meiner *selbst* zu schämen brauche, nichts, was so »schlimm« ist, dass ich mich nicht traue, es auch auszusprechen.

Diese Erfahrungen sind in Wahrheit eine Bereicherung für mich *selbst*. Und wer nun doch glaubt, er »muss« mit Steinen (Justiz) nach mir werfen, ich reiche dir sogar durch meine Offenheit *selbst* den Stein dazu. Bedenke dabei, auch DU sitzt in deinem eigenen »Glashaus« und dieser Stein kommt wie ein Bumerang zu dir zurück. Keiner von uns ist ein »unbeschriebenes Blatt«, wir alle sind hier, weil jeder Einzelne von uns noch etwas mit sich trägt, und zwar aus vorangegangenen Inkarnationen. Keiner von uns ist mit einer blütenweißen Weste hier; wenn du das glaubst, lebst du eine Illusion. Zeit zum Aufwachen. Alle schreien nach der Wahrheit und der Gerechtigkeit, aber sehr viele nicht nach der eigenen (unbewusst schon), und mit der be-

ginnt es nun aber mal. Die eigene Wahrheit anzuschau-
en und sich ihr zu stellen, tut auch kein bisschen weh.
Im Gegenteil, sich diese bewusst anzusehen macht sehr
glücklich, weil es befreit und dazu verhilft, sich *selbst*
zu erkennen. Auf deiner Reise zu dir *selbst* wirst du immer wieder mit deiner eigenen Wahrheit konfrontiert.
Das so lange, bis du sie in Liebe annimmst, dich *selbst*
damit bedingungslos annimmst. Sie wird dein ständiger Begleiter auf deiner Reise zu dir *selbst* sein. Ein sehr
angenehmer und sehr schöner noch dazu. Letztendlich
ist es die eigene Wahrheit, die dich deiner selbst *bewusst* werden lässt. Bist du dazu bereit, dich *selbst* anzunehmen, dann bist du auf deiner Reise zu dir *selbst*
wahrlich ein gutes Stück vorangekommen.
Und über dieser Wahrheit steht eine noch weitaus höhere Wahrheit. Aber ich gebe diese nicht preis, es obliegt jedem *selbst*, diese Wahrheit – ich bezeichne sie
als universelle Wahrheit – zu erkennen. Die Antwort
darauf ist bereits in diesem Buch enthalten. Sei achtsam und du wirst sie finden.
Für manche von euch mag das nach »Selbsttherapie«
klingen, für andere nach der »Heilung des Inneren
Kindes« oder danach, sich seine »Schattenanteile«
anzuschauen. Dies ist auch sicherlich alles richtig so
empfunden. Dennoch ist es für mich eher eine sehr
tiefe Reinigung bis in meinen innersten Kern, ein Aufräumen, ein Loslassen, um Raum zu schaffen für mich
selbst. Es ist für mich ein sehr wichtiger Teil in meinem
Bewusst-Sein-Werden. Alles kann aufgelöst werden.
Hier ist für mich noch eine sehr wichtige Selbsterkennt-

nis enthalten: dass ich mich nur durch diese eigene Erfahrung des Vergebens und des Verzeihens von einer großen Last befreit habe und meine Bestimmung als Lichtarbeiter erfüllen kann. Vorangehen und vorweggehen. Damit setze ich akribisch meinen Seelenplan um. Der, wie zu erkennen ist, unter anderem auch meine Bestimmung enthält. Dieser Seelenplan existiert für jeden von uns, auch wenn viele noch daran zweifeln.

Meine Schwester Lydia sagte vor ein paar Jahren zu mir, dass wir in unserer Kindheit durch solche und noch andere Erfahrungen »geschmiedet« worden sind und dann von den weiteren Erlebnissen im Verlauf unseres Lebens »gehärtet« wurden. Nach all den Jahren und seit ich unterwegs bin, sehe ich das alles mit anderen Augen. Ich empfinde all diese Erlebnisse, Lektionen und Erfahrungen eher als eine *Vorbereitung* auf meine eigene Reise zu mir *selbst* und ich habe mich auch zu keinem Zeitpunkt davon entmutigen lassen. Mit Bestimmtheit haben mich diese und all die anderen Erfahrungen reifen und wachsen lassen und erfahrungsreicher gemacht. Dafür bin ich schließlich wieder hier auf der Erde inkarniert.

Mein sehr guter Freund Michael war der Erste, der mein Manuskript gelesen hat, und eine seiner Anmerkungen dazu war, dass ich ganz schön viel mitgemacht habe. Stimmt, aber ich selbst bezeichne dies doch eher als Lebenserfahrungen, die ich gesammelt habe. Die, die ja letztendlich erst durch mein Mitwirken (Mitmachen) so möglich waren. Zu allem gehören immer zwei.

So empfinde ich das *Bewusst-Sein-Werden*:

»Ich vergab mir selbst,
damit ich anderen helfen kann zu vergeben.
Ich erleichtere meine Last, damit andere
die ihre verändern können.
Ich lebe für die Wahrheit.« *

»Wenn du hinüber in das Licht gehen möchtest,
somit zu dir selbst werden,
dann führt dich dein Weg dorthin,
unweigerlich durch deine eigene Dunkelheit.
Und sei ohne Furcht, wenn du diese durchschreitest.«

---

* Christopher Rivas: *A Lightworker's Creed* (›Ein Glaubensbekennntnis der Lichtarbeiter‹)

4. Die bedingungslose Liebe
zu dir selbst

Die Liebe, die wahre Liebe, ist die einzige Wahrheit, die über jeden Zweifel erhaben ist, sie ist zweifelsfrei. Mit der bedingungslosen Liebe zu dir *selbst*, mit der *Selbstliebe*, beginnt die wahre Liebe. Nimm dich *selbst* so an, wie du bist, mit all deinen »Ecken und Kanten« und all deinen »Rundungen und Kurven«. Wisse und fühle, dass du gut bist, und zwar genau so, wie du bist, du darfst so SEIN. Unabhängig davon, was andere in deinem Umfeld von dir und über dich denken. Es gibt absolut keinen Grund, dass du in das Bild deiner Mitmenschen passen oder ihren Vorstellungen von dir entsprechen musst (es sind ja ihre Vorstellungen von dir, nicht deine eigenen). Lasse auch die anderen so sein, wie sie sind, ohne dass du dich von ihnen weiterhin in irgendeiner Form weder beeinflussen noch manipulieren lässt. Es ist vollkommen in der Ordnung, wenn du dir *selbst* genügst, du mit dir glücklich, im Frieden und Harmonie bist, du dich so annimmst, wie du eben bist. Dadurch wirst du dir deines wahren *Selbst* bewusst, in deinem Bewusst-Sein. Mit der Liebe zu dir selbst respektierst, achtest und wertschätzt du dich selbst und zugleich auch deine Mitmenschen. Die Selbstliebe ermöglicht es dir darüber hinaus, deine Mitmenschen ebenso wie dich selbst bedingungslos anzunehmen, zum Beispiel deinen Partner, deine Kinder, deine Eltern, deine Freunde usw. Jede Veränderung beginnt immer in deinem Inneren und manifestiert sich dann in deinem Äußeren – wie innen, so auch außen (Hermes Trismegistos Thot). Bei jeder deiner Veränderungen, die du durchlebst, ist das angestrebte Ziel, dich *selbst* so zu transformieren, dass du dadurch andere so annehmen kannst, wie sie sind. Auf keinen Fall, dass du dich für jemand anderes veränderst oder sogar verbiegst, um ihm zu gefallen.

Wahre Liebe braucht darüber hinaus auch keinerlei Beweise, und das in jeder Form von Beziehungen. Beweise zu fordern, in welcher Form auch immer, ist ein Zeichen für fehlendes Vertrauen, von fehlendem Selbstvertrauen. Bedingungslose Liebe hat rein gar nichts mit Selbstaufgabe (sich für die Liebe zum Partner aufzugeben) zu tun, dazu gibt es absolut keinen Grund. Das ist ja dann wieder ein Widerspruch zum Bewusst-Sein, wenn du dich in irgendeiner Form aufgibst. Im Wort *Selbstaufgabe* ist das Wort *aufgeben* enthalten und das hat eine sehr negative Schwingung!

Wenn ich von der *Selbstliebe* spreche, dann hat das nicht im Geringsten mit Selbstverliebtheit zu tun. Selbstverliebtheit steht für Eitelkeit und diese ist wiederum ein Aspekt des Egos. Selbstliebe steht indessen, wie schon erwähnt, für Bewusst-Sein, und dort, bei dir *selbst*, ist kein Platz mehr für Eitelkeiten.

Wenn du das Gefühl der Eifersucht empfindest, ganz besonders im Zusammenhang mit deiner Partnerschaft, dann mangelt es dir nicht nur an Vertrauen in deinen Partner, sondern es zeigt dir auch, dass du dir selbst nicht vertraust. Es mangelt dir an *Selbstvertrauen*. Auch die Ausrede oder eher das »Schönreden«, dass »ein bisschen« Eifersucht nicht schade, lässt dich darauf aufmerksam werden. Was ist denn deinem Empfinden oder deiner Auffassung nach »ein bisschen«? Beginnt nicht alles mit »ein bisschen« bzw. findet seinen Anfang im Kleinen? Aus Kleinem aber entwickelt sich naturgemäß immer das Große. Im Wort *Eifersucht* ist zudem das Wort *Sucht* enthalten und wenn du süchtig nach etwas oder auch jemandem bist, befindest du dich dann nicht in einem Abhängigkeitsverhältnis? Lässt deine Eifersucht dich damit letzten Endes nicht auch nach außen hin wenig vertrauenswürdig erscheinen?

Unsere wahre Macht, Kraft und Energie sind unsere göttliche Liebe und unser göttliches Licht. Die beiden schönsten und stärksten Kräfte im gesamten Universum, du selbst *bist* diese beiden wunderschönen Energien. Diese fließen nicht von außen in dich ein, du brauchst dir »nur« wieder bewusst zu werden, dein wahres Selbst zu sein. Dadurch aktivierst du diese Kräfte wieder und bringst sie zum Fließen. Zeige deine Gefühle, trage sie nach außen, wann immer dir danach zumute ist. Trage dich damit nach außen und zeige dich als das, was du bist: du *selbst*.

Wie schon an anderer Stelle kurz erwähnt, sind unsere Gefühle, Emotionen und Empfindungen unsere wahre Sprache. Sie gehen jedem unserer Gedanken voraus, unabhängig davon, ob es sich dabei um Gefühle der Liebe, der Freude, der Trauer, der Missgunst usw. handelt. Um diese nach außen tragen zu können, dient unser Verstand quasi als »Übersetzer«. Er ermöglicht uns, dass wir unsere Gefühle in Form von Sprache anderen gegenüber ausdrücken und mitteilen können. Gefühlsregungen, wie zum Beispiel Tränen der Freude oder Trauer, dienen uns dazu, dass wir unsere Gefühle zeigen können.

Ein weiteres häufig zu beobachtendes Gefühl ist das des Selbstmitleides. Manche Menschen reagieren bisweilen sogar mit Gekränktheit darauf, wenn ihnen keine Anteilnahme deswegen widerfährt. Ich *selbst* »leide« aus vielerlei Gründen mit niemandem anderen mit. Warum auch soll ich etwas zu mir nehmen, das nicht zu mir gehört? Das hat nichts mit Egoismus zu tun, ich bin doch kein »Lastesel« und auch du nicht, das ist niemand von uns. Außer du lässt es zu, dass aus dir einer wird. Wenn ich mitleide, verringere ich das Leid des anderen nicht im Geringsten. Geteiltes Leid ist halbes Leid, das trifft aber nicht im Entferntesten zu. Viel stimmiger ist eher, dass Gleiches Gleiches anzieht und dadurch, dass ich diesem Gefühl von Selbstmitleid meine Aufmerksamkeit zuteilwerden lasse, verstärkt wird. Auch hier gilt: Energie folgt der Aufmerksamkeit, und dies unabhängig davon, welcher Art auch immer die Aufmerksamkeit ist. Damit ist demjenigen nicht wirklich geholfen. Zudem würde es bedeuten, dass ich selbst damit folglich ein Thema (mit der Ursache des Leids) habe. Dann dient mir mein Gegenüber als Spiegel, um zu dieser Erkenntnis zu gelangen. Stattdessen helfe ich ihm viel lieber dabei, selbst zu erkennen, warum er leidet. Woher sein Leid rührt, wo die Quelle (Ursache) dafür zu finden ist. Denn darin ist, wie in allem, eine Erfahrung enthalten, die es zu erleben und zu sammeln gilt.

Ich nehme natürlich Anteil und empfinde Mitgefühl, wenn jemand einen persönlichen Verlust erfährt, zum Beispiel durch den Tod eines Angehörigen. Dann spende ich dem Trauernden Trost.

Aber Mitgefühl und Mitleid sind zwei verschiedene Paar Schuhe. Das Letztere von beiden braucht es nicht und es ist völlig unnötig, in dieses Paar Schuhe eines anderen zu steigen.

Mit dem Gefühl von Selbstmitleid möchte man ja auf sich aufmerksam machen. Man kann sagen, dass es eine Form des Nach-Hilfe-Rufens ist, wenn auch unbewusst für den, der das Selbstmitleid aussendet. Und diese Hilferufe werden in verschiedensten Variationen, zum Beispiel durch Körpersprache, über die Augen, durch Klagen über seine Lebenssituation nach außen gesendet und sichtbar gemacht.

Gefühle sind außerdem völlig grenzenlos, und das in jeder Hinsicht, sie kennen keine Hautfarbe, keine Glaubensrichtung und keine sprachlichen Barrieren. Ist dir jemand sympathisch und umgekehrt du ihm/ihr, dann bedarf es keinerlei Worte, ihr fühlt es einfach, weil es von euch beiden so ausgestrahlt und auch empfangen wird. Deshalb sind unsere Gefühle eine universelle Sprache, die im gesamten Universum »gesprochen« wird. Das stärkste und mächtigste aller Gefühle ist die Liebe selbst, sie ist unzerstörbar, steht über allen Gesetzen, sie durchdringt jeden und alles und nichts hemmt sie. Wir *selbst* sind reine Liebe und auch reines Licht, aber auch zu gleichen Teilen Dunkelheit. Auch wenn dies nun für dich widersprüchlich klingen mag. Aber erst dadurch können wir diese reine Liebe und dieses reine Licht in uns *selbst* erkennen. Wir brauchen unsere Dunkelheit (das Diabolische Bewusstsein) dazu. Sonst hätten wir keine Identität.

So wie es Charlie Chaplin in Worten ausdrückt, so fühle ich es selbst:

»Als ich mich selbst zu lieben begann, habe ich mich von allem befreit, was nicht gesund für mich war, von Speisen, Menschen, Dingen, Situationen und von allem, das mich immer wieder hinunterzog, weg von mir selbst. Anfangs nannte ich das ›gesunden Egoismus‹, aber heute weiß ich, das ist ›Selbstliebe‹.« [*]

---

[*] Aus einer Rede Charlie Chaplins an seinem 70. Geburtstag am 16.04.1959

5. Seelenanteile und das höhere Selbst

Wenn wir in die menschliche Form inkarnieren, um Erfahrungen hier auf der Erde zu sammeln, tun wir das als Lichtenergie- und göttliche Wesen, wir sind komplett. (Komplett zu sein bedeutet aber nicht zwangsläufig, auch vollkommen zu sein.) Es bleiben keine Seelenanteile, sprich irgendwelche Teile unserer Seele (von uns *selbst*) zurück an dem Ort, von dem aus wir auf die Erde reisen. Genauso verhält es sich mit der Mär, dass wir uns Seelenanteile von wo auch immer zurückholen und diese wieder integrieren müssen. Oder wir unsere Seele retten müssen. Vor wem oder vor was? Wir sind reine Liebe und reines Licht, somit reine Energie, und diese ist unzerstörbar, nicht stückelbar. Oder gehst du als Mensch morgens nur teilweise zur Schule oder zur Arbeit und lässt Teile von dir zu Hause? Du verlässt dein Zuhause tagtäglich in einem »Stück«, als ganzer Mensch, so auch als Seele, als dein wahres Selbst.

Uns wird lediglich der »Schleier des Vergessens« übergestreift und damit eine Art von Amnesie verpasst, die Erinnerung an unser wahres Bewusst-Sein, an uns *selbst* genommen, zeitlich begrenzt. Damit wir unsere Erfahrungen hier sammeln können, als Menschen.

Ab dem Zeitpunkt, an dem wir uns auf die Reise zu uns *selbst* begeben, beginnen wir nach und nach wieder mit unserem *Bewusst-Sein-Werden*, indem wir uns daran erinnern, *wer* und *was* wir in Wirklichkeit sind. Diese »*Reise*« dient uns dazu, dass der »Schleier des Vergessens« langsam aber stetig und schrittweise wieder gelüftet wird und wir die Erinnerung an uns *selbst* wiedererlangen. Dies ist ein Prozess, der von innen nach außen vonstatten geht und nicht von außen nach innen. Somit steigen keine Seelenanteile von irgendwo herab. Es geht schlichtweg darum, dass wir uns wieder erinnern. Um nicht mehr und nicht weniger.

Um dich wieder mit deinem *höheren Selbst* zu verbinden, bedarf es auch keiner besonderen Meditationen, um ehrlich zu sein überhaupt keiner, und auch keiner besonderen Sitzhaltung (Schneider- und Lotussitz). Jedes Mal, wenn du ein Selbstgespräch führst, bist du damit verbunden und in Kommunikation. Es ist also auch hier nichts Übersinnliches oder Übernatürliches im Spiel. So simpel und leicht ist das, werde dir dessen nur wieder bewusst.

Auch fließen von außen keine »neuen Energien« ein, wie häufig gesagt wird. Diese angeblich »neuen Energien«, von denen dort gesprochen ist, sind schlichtweg weitere Aspekte deiner *selbst*, die wieder ins Bewusst-Sein hervortreten.

Noch ein Beispiel aus der 3D-Welt dazu. Jemand verliert durch ein traumatisches Erlebnis sein komplettes Gedächtnis, so wie wir bei der Geburt unsere Erinnerungen an uns *selbst* zeitlich begrenzt »verlieren«. Dann erlangt dieser Mensch sein Gedächtnis auch nicht auf einmal wieder, sondern es ist ein langwieriger Prozess, bis seine Erinnerungen wiederkehren, nach und nach. Was ich damit sagen möchte, ist, dass dieser Mensch, obwohl er sich seiner selbst und seiner Vergangenheit nicht mehr erinnert, dennoch komplett ist, ganz. Sein Gedächtnis ist noch immer in ihm, er kann vorübergehend nur nicht darauf zugreifen. Seine Erinnerungen kehren wieder zurück, nichts geht verloren. Wie lange der Prozess dauert, bis die Erinnerungen zurückkehren, ist dabei unerheblich.

Uns führt auch unser *höheres Selbst* nicht von irgendwo aus, wir *selbst* sind unser *höheres Selbst*. Wie schon zu Beginn erwähnt, wir sind als Ganzes hier. Wir als unser *höheres Selbst* (wir *selbst* als komplette Seele) führen uns von Geburt an, unbewusst für uns als Mensch, durch unser *Dasein* hier – und das von der Erde aus, bis zu dem Zeitpunkt, wo wir beginnen, uns daran zu erinnern (an uns *selbst*); unsere »Reise« beginnt.

6. Ganzheit – ganz und vollständig (sein)

Das Christus-Bewusstsein (deine lichtvolle positive Hälfte) und das Diabolische Bewusstsein (deine dunkle negative Hälfte) gehören untrennbar zusammen und sind in dir zu gleichen Teilen vorhanden. Beide Aspekte gemeinsam lassen dich mit erst zu dem werden, was du bist. Nur durch den dunkeln, negativen Aspekt ist es dir erst möglich, deinen lichtvollen und positiven Aspekt zu erkennen. Ohne Dunkelheit wüssten wir nicht, was Licht ist, und umgekehrt. Völlig gleich, für welchen du dich entscheidest, ob du in dieser Inkarnation ein Samariter oder ein Schurke bist: Selbst wenn du dich dafür entscheidest, der Schurke zu sein, wird dir dieser dunkle Teil deiner *selbst* in keinerlei Weise Schaden zufügen. Hierbei geht es ja letzten Endes lediglich darum, die Erfahrung zu machen, wie es ist, ein Schurke zu sein. Weder der lichtvolle noch der dunkle Teil deiner selbst wird sich ins eigene Fleisch schneiden. Du hast auf spiritueller/geistiger Ebene nichts zu befürchten. Es ist in der Ordnung so, es ist Teil deines Seelenplanes. Es gibt somit auch absolut keinen Grund, diesen dunklen Teil deiner selbst zu verdrängen oder zu verleugnen, er ist, was er ist, ein Teil von dir, und hat somit seine volle Daseinsberechtigung. Nimm ihn deshalb genauso in Dankbarkeit und in Liebe an wie den lichtvollen Teil deiner selbst. Und um die Balance zwischen den beiden Anteilen deiner selbst zu halten, wächst der Teil, ich bezeichne es mal jetzt so, der »ruht«, im gleichen Maße mit wie der Aspekt, für den du dich entschieden hast. Sei dir immer bewusst, dass diese beiden Teile von dir stets anwesend sind, und das im Inneren und im Äußeren.

Ein sehr schönes Beispiel aus der 3D-Welt: Eine alleinerziehende Mutter von zwei Kindern, einer Tochter (hier: der dunkle Aspekt) und einem Sohn (hier: der lichtvolle Aspekt). Der Sohn genießt die volle Aufmerksamkeit, die Zeit und die Liebe seiner Mutter, wird hofiert, in jeder Hinsicht unterstützt, während die Tochter von ihrer Mutter in dieser Hinsicht zu kurz kommt, demotiviert und demoralisiert wird. Die Tochter wird immer wieder versuchen, diese »Dinge« (Liebe usw.) im gleichen Maße von ihrer Mutter zu erhalten, indem sie unter anderem sich dem Verhalten ihres Bruder anpasst bzw. ihn kopiert. Bis zu dem Zeitpunkt, wo die Tochter merkt, dass sie damit nicht den erhofften Erfolg hat. Dann wird sie damit beginnen ihr Verhalten im »negativen« Sinne zu verändern, Dinge tun, die der Mutter nicht gefallen werden, wie zum Beispiel Klauen, Drogen, Lügen, dass sich die Balken biegen, früh schwanger werden usw. – alles Verhalten, das letztendlich auf spiritueller Ebene niemandem, weder der Tochter noch der Mutter, »Schaden« zufügt. Es dient nur einzig und allein dazu, dass die Tochter (der dunkle Teil) auf sich aufmerksam machen möchte. Sie möchte einfach nur gesehen, gewollt, angenommen und geliebt werden, und zwar mit beiden Aspekten ihres Selbst-Seins, nicht mehr und nicht weniger. Und so ist dies auch auf spiritueller Ebene, der lichtvolle und der dunkle Teil möchten angenommen, gesehen, gewollt und geliebt werden, in jeder Hinsicht und gleichermaßen.

Was den Lebensweg deiner Kinder betrifft, egal wie sie diesen auch gestalten, erfahren und erleben, denn es ist ihr eigenes Leben, es sind und werden immer deine Kinder sein. Weil ihr ein Teil voneinander seid. Das Band, das euch verbindet, ist daher auch nicht durchtrennbar. Genauso wie das Band zwischen deinen Eltern und dir selbst – unabhängig davon, was war, was ist und war sein wird. Ihr werdet immer verbunden und somit eins sein. Deshalb liebe deine Kinder und deine Eltern genau so, wie sie sind, und damit auch dich selbst.

Sowohl das Christus-Bewusstsein und auch das Diabolische Bewusstsein fügen sich aus vielen einzelnen Aspekten zusammen. Das Christus-Bewusstsein aus Liebe, Mitgefühl, Toleranz usw., das Diabolische Bewusstsein aus Hass, Wut, Neid usw.

Somit bin ich bei der Blume des Lebens: aus vielem wird eins, eins ist vieles. Die Blume des Lebens ist in allem enthalten, auch in uns *selbst*, wir sind diese selbst. Selbst unser Schöpfer als UR-Bewusst-Sein vereint diese beiden Aspekte, fügt sich aus diesen beiden zusammen. Von wem hätten wir das »Licht« und die »Dunkelheit« denn sonst mitbekommen, wenn nicht von ihm *selbst*? Wir sind schließlich ein Abbild unseres Schöpfers, und das in jeder Hinsicht. Daher kannst du das Kleine im Großen erkennen und das Große im Kleinen.

Zudem bedeutet Bewusst-Sein nicht nur positiv zu sein, es beinhaltet beide Aspekte. Wir dürfen auch hin und wieder einen »schlechten Tag« haben oder mit dem linken Fuß zuerst aufstehen. Wichtig ist, diese schlechte Laune nicht an anderen auszulassen und auch selbst nicht darin zu verharren. Es bedeutet aber auch, dass wir uns nicht alles gefallen zu lassen brauchen. Es ist ganz legitim, sich seiner Haut zu wehren, wenn es vonnöten ist. Von wegen halte deine Wange und auch die andere hin. Dabei sollte man nicht in Feindseligkeiten verfallen. Hierbei hilft mir mein dunkler Aspekt, dies zu erkennen und entsprechend zu handeln. Dadurch ist sehr schön und klar zu erkennen, dass auch das Diabolische Bewusstsein seine positiven Seiten hat. Ich selbst weiß mich durchaus zur Wehr zu setzen. Meine »Waffe« ist dabei aber nicht das »Schwert« (die Faust), mein Werkzeug ist das Wort.

»Was ist gut und was ist böse?
Sind sie sich doch gegenseitig ihr Spiegelbild,
das beide erkennen und stetig bewusst sein lässt, dass
das eine so wie das andere
das Gegenüber im gleichen Maße beinhaltet.
Und nur so erhält beides seine Identität.

Beide, sowohl Gut als auch Böse,
können ohne das andere nicht sein.
Sie sind untrennbar miteinander verbunden, denn beide
haben einen gemeinsamen Ursprung.
Sie sind hierdurch gleich und deshalb eins,
heben einander auf.
Nun nimm beide gleichermaßen in Liebe und
Dankbarkeit an und somit dich selbst.
Denn du selbst bist beides zu gleichen Teilen.«

7. Negative Energien

In vielen Meditationen geht es darum, unbewusste negative Energien hervorzuholen und sie dann gehen zu lassen oder auch zu »heilen«. Gegen das Bewusst-Werden dieser vorhandenen negativen Energien spricht absolut nichts. Aber warum sie ungenutzt gehen lassen, anstatt sie sich zunutze zu machen? Und wie?, stellt sich jetzt für manch einen die Frage. Viele tun es bereits unbewusst, sich diese Energie im positiven Sinne nutzbar zu machen. Ich nehme mal das Gefühl der Wut als Beispiel. Manche fangen aus dem Gefühl der Wut heraus an, die Wäsche zu bügeln, die schon ewig lang herumsteht, andere räumen ihren Kleiderschrank, der das schon lange nötig hat, auf und wieder andere schaffen Ordnung im Keller, auf dem Speicher, in der Garage usw. Auf den ersten Blick haben sie sich alle erst einmal abreagiert. Sie sind sich aber dessen nicht bewusst, dass sie damit ihre negative Energie so ganz nebenbei in positive Energie transformiert haben.

Zudem ist in uns allen zu gleichen Teilen der dunkle (negative) Aspekt vorhanden und dieser wird sich immer wieder in Form von negativen Gefühlen bemerkbar machen. Auch das ist vollkommen in Ordnung, werden wir doch somit immer wieder daran erinnert, dass wir aus dem Christus-Bewusstsein und dem Diabolischen Bewusstsein bestehen. Wie du unschwer erkennen kannst, wirst du selbst ständig daran erinnert.

Natürlich geschieht es auch, dass jemand seine Wut an Gegenständen oder gar seinen Mitmenschen auslässt. Von der spirituellen/geistigen Ebene gesehen ist auch das so richtig, selbst wenn es paradox klingt. Doch vielleicht steckt genau für diesen Mitmenschen – und eventuell gehörst du selbst dazu – die Erfahrung (Lektion) darin, diese negativen Energie ins Positive umzuwandeln, um zu erkennen, dass es auch anders funktioniert. Überdies ist es eine sehr gute Übung, Negatives in Positives zu transformieren.

Stell dir nun mal vor, dass jeder von uns sich dieser negativen Energie völlig bewusst ist und wir sie uns gleich im positiven Sinne zunutze machen. Nun gehe ich noch einen Schritt weiter, in Kombination dieser beiden Energien, die wir imstande sind zu erzeugen. Welch eine große Kraft wir damit zur Verfügung haben, wenn wir beide Energien vollkommen bewusst eins werden lassen, was sie ja für viele, wenn auch noch unbewusst, sowieso sind! Anstatt beide gegeneinander einzusetzen (das ist in meinen Augen reine Energieverschwendung), können wir sie miteinander in Einklang bringen und zur Ganzheit verbinden. Und das funktioniert, ich spreche hier aus eigenen Erfahrungen. Aber wir müssen ja schon Energie aufwenden, um positive wie negative Energien zu erzeugen. Denn jedes Gefühl ist ja reine Energie. Dann nutze sie doch gleich dafür, um etwas Schönes und Positives zu erschaffen, wie wäre es mit deinem Leben während deines Aufenthaltes hier auf der Erde? Es liegt natürlich bei jedem selbst, wofür er oder sie die Energie einsetzt.

Also warum immer nur die positive Energie hervorheben, ins rechte Licht rücken, sich nur darauf fokussieren? Die negative Energie ist ein Teil von mir, von dir, von uns allen, und das wird sie auch immer sein. Wir setzen uns nun mal aus beiden Energien zusammen, Licht und Schatten, Schatten und Licht sind eins.

Das Erkennen und auch die Annahme beider Energien bedeutet zugleich die »Heilung« der negativen Energie. Aus diesem Blickwinkel betrachtet sind diese »negativen Energien« gar nicht mehr so negativ, oder? »Verändere deine Sicht auf die Dinge, dann verändern sich die Dinge, dann verändert sich alles, dann veränderst du dich *selbst*.« Aber nur allein mit dieser Erkenntnis ist es noch nicht getan. Diese möchte auch gelebt werden. Dadurch, dass du dein ganzes Verhalten entsprechend veränderst und es dann auch nach außen trägst (entsprechend handelst), dich *selbst* nach außen trägst.

8. Essen, Trinken und Kleidung

Gleich vorweg, ich schreibe niemandem vor, was er zu essen und zu trinken hat. Stattdessen möchte ich mit dem Kapitel nur zum Nachdenken über das Thema Essen, Trinken und Kleidung anregen.

Hängt unsere Gesundheit wirklich davon ab, was wir an Nahrung zu uns nehmen. Ob die Wahl der Nahrungsmittel auch eine große Rolle beim Bewusst-Sein-Werden spielt? Was ist denn ungesund und was ist gesund? Viele ernähren sich »gesund« durch zum Beispiel eine ausgewogene Kost (viel frisches Obst und Gemüse, wenig bis gar kein Fleisch), treiben dazu moderat Sport. Versuchen über die Nahrung, die sie zu sich nehmen, so gut, wie es in der heutigen Zeit nur möglich ist, keine Giftstoffe aufzunehmen, zum Beispiel Bio-Lebensmittel, reine vegane Ernährung usw. In allem ist Wasser enthalten und allein in unserem Trinkwasser sind ca. zweitausendvierhundert Chemikalien enthalten, zusätzlich noch die negativen Informationen, die beigemischt sind, Sexualhormone, Antibiotika. Auf die Felder, auf denen unser Getreide, Obst und Gemüse angebaut ist, fällt übrigens der gleiche Regen wie auf die Biofelder. In diesem Regen sind nun mal ganz viele verschiedene Chemikalien, Bakterien, Metalle, Viren, Sporen und noch ganz viele andere »Nettigkeiten« enthalten, besser gesagt gezielt beigemischt, ich sage dazu nur Chem-Trails. Ich habe lange selbst mit Biolebensmitteln gearbeitet, ob Fleisch, Geflügel, Obst und Gemüse, und nicht alles, wo Bio draufsteht, *ist* auch Bio. Vor allem wenn die Lebensmittel aus dem Ausland importiert sind, selbst die, die innerhalb der EU angebaut werden. Andere Länder, andere Sitten oder, um etwas deutlicher zu werden: Nicht überall wird gleichermaßen kontrolliert. Wenn mal im Herkunftsland das Biosiegel auf der Verpackung ist, prüft das auch niemand mehr nach. Warum auch, es gelten ja innerhalb der EU die gleichen Richtlinien und Bestimmungen. Wie gesagt, Bio ist nicht gleich Bio.

Mir ist auf der Etappe (25.02.-10.03.2017), auf meiner Reise zu mir *selbst*, in Bezug auf die Landwirtschaft aufgefallen, dass immer mehr Landwirte auf Bio umsteigen. Viele davon aber aus rein wirtschaftlichen Gründen, weil sie für den Liter Bio-Milch vierzig Cent erhalten anstatt vierundzwanzig Cent für die konventionell erzeugte Milch. Zu dem Zeitpunkt, als ich unterwegs war, grassierte die Vogelgrippe. Also Stallpflicht für alles Federvieh. Auch für Bio-Geflügel. Dennoch durften die Bio-Eier, obwohl die Hühner im Stall verblieben, drei Monate lang weiter als Eier aus der Freilandhaltung vermarktet werden. Auch hier wird gemogelt, getrickst und getäuscht. Es obliegt ja jedem selbst, die Mühe auf sich zu nehmen und mal mit den Erzeugern der Lebensmittel (Landwirte) über Bio und konventionell zu sprechen. Oder weiterhin dem Glauben zu schenken, was auf der Verpackung geschrieben steht oder was der Handel an Informationen weitergibt. Die erste Option bedeutet in die Eigenverantwortung zu gehen und damit zu tun, was man selbst als richtig und gut empfindet. Seiner eigenen inneren Führung zu folgen, sich selbst.

Wie viele, die sich »gesund« ernähren und Sport treiben fallen mit Mitte dreißig um und sind auf der Stelle »tot«. Andere wiederum, die sich »ungesund« ernähren, sprich kein Obst und Gemüse essen, viel fettes Fleisch essen, rauchen und etwas mehr als der Durchschnitt Alkohol trinken und bei denen Sport eine »Fehlanzeige« ist, erreichen ein biblisches Alter. Noch einmal meine Frage: Hängt Gesundheit und Altwerden wirklich von unserer Ernährung und davon, ob wir Sport treiben, ab?

Manche vertreten ja gar die Ansicht, dass, wenn sie Fleisch verzehren, nicht »aufsteigen« dürfen, wohin auch immer, sei mal dahingestellt. Von mir daraufhin angesprochen, wohin sie denn »aufsteigen« dürfen, weiß der Großteil von ihnen keine Antwort darauf. Was machen denn die Menschen, die zum Beispiel jenseits des Polarkreis leben und sich nur von Fleisch und Fisch ernähren, weil nun mal dort auf der schwimmenden Eisplatte kein Obst und Gemüse wächst? Aus den Tierhäuten zusätzlich noch ihre Kleidung machen, die sie vor der Kälte schützt? Diese Menschen zeigen dir sogar noch, dass es gar nicht so ungesund sein kann, kein Obst und Gemüse zu verzehren. Steigen die dann nicht auf? Ist dies wirklich davon abhängig, wie wir uns ernähren? Dann hätten diese Menschen schon allein dadurch, dass sie in einer Region leben, wo es eben nur ein ganz bestimmtes Angebot an Nahrungsmitteln gibt, in dem Fall nur Fleisch und Fisch, einen gewaltigen Nachteil. Wir sind doch alle mit den gleichen »Voraussetzungen« hier, oder etwa doch nicht? Auch diese unsere Mitmenschen sind doch spirituelle/geistige Wesen? Mit der Milch verhält es sich ebenso, die sei ja für die Kälber bestimmt. Das ist sogar richtig so. Aber erkläre dies einem spirituellen/geistigen Wesen (Kuh- und Ziegenhirten) in der Sahel-Zone (einer der trockensten Regionen der Erde), der von der Milch seiner Tiere als Flüssigkeitsspender abhängig ist. Weil das wenige Wasser, das oft weit entfernt ist, seinen Kühen und Ziegen vorbehalten ist, damit deren Überleben gesichert wird und wiederum sein eigenes. Wie kann dann etwas negativ sein, wenn durch den Verzehr, in diesem Fall von überwiegend Fleisch, Fisch, und Milch, das Überleben abhängt? Wenn es dem spirituellen/geistigen Wesen im Norden und im Süden nicht »schadet«, dann wird es dir und mir auch nicht »schaden«, weil wir doch alle gleich und eins sind. Zudem unterliegt auch unser Körper ständigen Veränderungen, weil nichts so bleibt, wie es ist. Er ist sehr anpassungsfähig, auch in Bezug auf unsere »künstliche Nahrung«.

War doch eine meiner »Reisenden« etwas entsetzt, als ich sagte, dass ich als Lichtarbeiter Fleisch esse, Kaffee trinke und schwarze Kleidung trage, all die negative Energie. Ja, was denkt ihr, dass ich mich von Nüssen, Rohkost, Wasser und trockenem Brot ernähre? Ich bin hier, um Spaß zu haben, und dazu gehört für mich das Essen. So hat jeder von uns seine eigenen Vorlieben. Keiner kann das besser wissen als ich selbst und mein Körper, was gut für uns ist. Wenn ich mal einen über den Durst getrunken hatte, hat mich mein Körper das spätestens am nächsten Morgen wissen lassen in Form von Übelkeit und Kopfschmerzen oder, wenn ich es beim Sport übertrieben habe, mit Muskelkater und Zerrungen. Hört einfach auf euch *selbst* und euren Körper. Kein Arzt oder Coach kann das wirklich wissen. Wie lange ist den Diabetikern von der Medizin eingeredet worden, Lebensmittel mit künstlichem Süßstoff statt Zucker zu konsumieren, weil dies gesünder für sie sei! Dabei haben künstliche Süßstoffe Diabetes erst recht gefördert, auch wusste das die Pharmaindustrie. Ich bin selbst ein bekennender Fleischesser und habe dadurch nicht im Geringsten »Nachteile«, ich sehe und empfinde darin absolut nichts Negatives. Es ist noch gar nicht so lange her, da waren wir selbst noch die Beute, dienten wir manch einer Rasse, die wir heute verspeisen, als Nahrung, die uns zum Fressen gernhatte, zum Teil auch heute noch. Dafür hat mich mein Schöpfer mit dem Gebiss eines Allesfressers ausgestattet (Schneide- und Mahlzähne), dass ich damit alles, was hier wächst, kreucht und fleucht, verspeisen kann. Auch dieser Glaube, dass wir uns nur noch von Prana, also Lichtenergie, ernähren sollten. Unser Schöpfer hat sich dabei etwas gedacht, dass er uns diesen biochemischen Körper so designed und den Planeten und uns aufeinander abgestimmt hat. Aber ganz gewiss nicht, dass wir uns hier auf der Erde von Prana ernähren. Unser Organismus ist von Beginn an, wenn sich Eizelle und Spermium vereinen, auf Kohlenhydrate, Fett, Eiweiß, Spurenelemente, Vitamine usw. angewiesen. Ohne diese »Zutaten« würde erst gar kein Körper entstehen oder wachsen, und auf diese vielen »Zutaten« ist er, bis wir ihn wieder verlassen (»sterben«), angewiesen. Dann würde dies bedeuten, dass wir ab der Vereinigung von Eizelle und Spermium mit »negativen« Energien versorgt werden. Dazu auch noch der Glaube, dass wir unseren Körper dieses Mal mitnehmen dürfen. Aber in welchem Zustand? Kann ich z. B. beschließen, meinen Körper in seinem jetzigen Zustand mitzunehmen? Höre ich dann das Altern auf und der Zellverfall setzt aus? Ich weiß von bisher keiner Begebenheit, wo sich der Körper in Licht aufgelöst hat, höchstens in Flammen und Rauch aufgegangen ist … Interessant, mal jemanden, der Verfechter dieses Glaubens ist, dazu befragen zu dürfen.

Ich lasse nun mal die Katze aus dem Sack, ich bin ein gelernter Metzger und habe sehr vielen Tieren das Leben »genommen«. Damit hätte ich dann sehr viele »negative« Energie selbst erzeugt. Dennoch habe ich nicht im Geringsten einen Nachteil deswegen, im Gegenteil, ich bin ein von unserem Schöpfer berufener Lichtarbeiter (und nicht zum ersten Mal als ein solcher hier). Dann hätte unser Schöpfer mit mir den »Bock zum

Gärtner gemacht« und das, da bin ich mir sehr sicher, hat er ganz gewiss nicht getan.

Und gleich noch etwas, als Lichtarbeiter geht es für mich nicht darum, dass ich mir durch das Töten der Tiere Karma aufgeladen habe und ich jetzt als Lichtarbeiter »tätig« bin, dieses wieder abtrage.

Wird dem Essen dadurch, dass du dir überhaupt Gedanken darüber machst, ob es für dich »gesund« ist oder ob darin »negative« Energien enthalten sind, nicht erst negative Energie eingehaucht (Energie folgt immer der Aufmerksamkeit)? In jeder Pflanze ist doch genauso wie in jedem Tier eine Seele zuhause, nehmen dann die Vegetarier und Veganer nicht genauso wie die Fleischesser diese »negativen« Energien auf? Leben ist Leben, ob Pflanze oder Tier, das spielt keine Rolle. Fakt ist, alles enthält den Geist unseres Schöpfers.

So, jetzt könnten ja die Verfechter der »Prana-Theorie« mir entgegenhalten, dass dies der Grund sei, warum wir uns nur noch von Prana ernähren sollten. Ein sehr gutes Argument, wie ich finde. Jetzt kommt aber das große Aber: Was ist mit unserer Kleidung und unseren Behausungen, die sind ja auch aus tierischen und pflanzlichen Materialien? Laufen wir dann wieder nackt rum und kehren in die Höhlen zurück? Ist das der »Aufstieg«? Oder doch nicht eher ein Schritt zurück in die Steinzeit? Mit Bewusst-Sein-Werden hat das in meinen Augen nichts zu tun. »Aufsteigen« bzw. Bewusst-Sein-Werden findet sicherlich auf vielerlei Art und Weise statt, aber dabei spielt die Ernährung, wenn überhaupt, eine sehr geringe bis gar keine Rolle. Auf einen Großteil von uns trifft dies zu. Für wen dennoch manche der Lebensmittel behilflich beim Bewusst-Sein-Werden sind, dazu ausführlicher im Folgekapitel.

Bevor du dir über Prana Gedanken machst, wäre es stattdessen nicht sinnvoller, sich damit auseinanderzusetzen, wie alle von uns jeden Tag satt werden mit den Ressourcen, die uns gegeben sind? Nämlich mit den Lebensmitteln, von denen es mehr als genügend für uns alle gibt? Wir bekommen ja nicht einmal das auf die Reihe und dann wird von Prana geredet. Erst einmal gilt es diese Lektion gemeinsam zu lernen und dann werden wir sehen. Eins nach dem anderen. Erst wird das »aufgegessen« (Lektion), was auf dem Tisch steht. Ich würde ja sehr gerne jemanden, der diesen Glauben von Prana verbreitet, egal wie spirituell oder bewusst (Guru, Yogi, Spiritueller Lehrer usw.) dieser ist, fragen, was er selbst aktiv dazu beiträgt, die vorhandene Fülle an Nahrungsmitteln gerecht zu verteilen und diese gemeinsame Lektion zu lernen.

All die vielen verschiedenen Nahrungsmittel bieten schier unendliche Möglichkeiten, wohlschmeckende Gerichte zu kreieren. Deshalb sind wir auch hier, um im Hinblick auf das Essen und Trinken Neues zu erleben und zu erfahren. Die Düfte, der Geschmack, wie sich das Essen im Mund anfühlt, die vielen Arten der Zubereitung usw. Prana kennen wir von »zuhause« aus. Wenn ich jetzt hier beginne, mich von Prana zu ernähren, wäre das dann nicht das Gleiche, wie wenn ich in einer Metzgerei arbeite, aber meine Wurst von zuhause zum Essen mitnehme oder im Restaurant mein Essen mitbringe?

Auf das Thema Lebensmittelunverträglichkeiten, unter denen so viele »leiden«, gehe ich im nachfolgenden Kapitel detaillierter ein.

Zum Thema *Prana* noch etwas: In allem Pflanzlichen und Tierischen ist ja auch (wie zuvor erwähnt) eine Seele. Somit sind auch die Raubtiere beseelt, erkläre einem Rudel Löwen mal, dass sie keine Antilopen, Zebras usw. mehr jagen und reißen dürfen, weil Prana angesagt ist. Wenn schon, denn schon, alle oder niemand. Sonst hätten wir ja eine Selektion. Sind die Tiere nicht dazu bestimmt »aufzusteigen« bzw. die in ihnen enthaltenen Seelen? Vor unserem Schöpfer ist alles Leben aber gleich. Die Raubtiere und die Pflanzenfresser steigen alle auch auf Prana um, dann ist aber in absehbarer Zeit etwas nicht mehr im Gleichgewicht und somit in der Ordnung. Die Pflanzenfresser vermehren sich dann völlig unbegrenzt. Beim Fressen und Gefressenwerden hat sich unser Schöpfer auch etwas gedacht, als er diese Gesetzmäßigkeit (Naturgesetz) geschaffen hat. Sind wir deshalb hier, um Gesetzmäßigkeiten zu verändern? Wir sind alle ein Teil der Natur, aber wir herrschen nicht über sie, auch wenn viele das glauben. Dieses Gesetz vom Fressen und Gefressenwerden hat es schon immer gegeben und wird auch weiterhin Fortbestand haben. Wir »dezimieren« uns ja auch weiterhin permanent auf verschiedenste Arten (auch diese Lektion ist noch nicht gelernt).

Um kurz auf das Märchen mit der schwarzen Kleidung einzugehen, das ja auch weit verbreitet ist. Nicht deine schwarze Kleidung zieht Negativität an, sondern deine Gedanken, deine innere Haltung. Energie, egal welche, ob positive oder negative, folgt immer der Aufmerksamkeit (auch das ist eine Gesetzmäßigkeit) und ist ganz gewiss nicht abhängig von der Kleidung, die getragen wird. Achte stattdessen auf deine Gefühle und Gedanken.

Was mich hierbei stutzig werden lässt: dass dieser »Glaube« auch von vielen verbreitet wird, die sich für »besonders spirituell« (wobei spirituell sein nicht gleich bedeutet, bewusst zu sein) halten.

Eine Sache noch zum Thema Kunststoff. Ich höre auch hierzu immer wieder die gleiche Aussage, so wenig wie möglich davon zu gebrauchen, und das wegen der ganzen Weichmacher (am besten BPA-frei). Bist du dir dessen bewusst, was du davon alles in deinem Mund hast? Ich spreche hier Zahnfüllungen und Zahnersatz an. Amalgam (Quecksilber), Kunststofffüllungen und Teil-/Vollprothesen (Mono-und Polymere), die von der Mundschleimhaut besonders schnell und intensiv resorbiert werden. Diese sind um einiges giftiger als die Weichmacher im Kunststoff. Hier wird doch wieder nur mit der Angst der Menschen und durch Manipulation sehr viel Geld verdient. Es ist unschwer zu erkennen, dass beides hervorragend funktioniert. Selbst wenn du dir deine Amalgamfüllungen unter größtmöglichen Vorkehrungen durch den Zahnarzt entfernen lässt, die Belastung für deinen Körper durch das darin enthaltene Quecksilber ist dann um das Siebenhundertfache erhöht. Auch hier weiß ich, wovon ich spreche, denn ich bin außerdem noch gelernter Zahntechniker.

Die Wahl dessen, was das Essen und Trinken, die Kleidung und den Glauben betrifft, ist natürlich jedem Einzelnen überlassen. Was wirklich hinter diesem Kapitel steckt? Stell dir doch mal folgende Fragen. Bist du deswegen quer durch das ganze Universum nach hier gereist, um dir über deine Nahrung und deine Kleidung den Kopf zu zerbrechen? Machst du dir über deine eigenen »negativen« Energien auch so viele Gedanken? Folgst du deinem eigenen Weg, sprich dir *selbst*, oder doch letztendlich »nur« wieder einer anderen »Herde«? Wenn ja, welcher Herde und wer führt sie an? Weißt du überhaupt, warum du jetzt hier auf der Erde bist? Geht es nicht genau darum, sich daran zu erinnern, an das Warum?

Ich selbst finde, dass es völlig unwichtig ist für das *Bewusst-Sein-Werden*, ob wir Sport treiben oder was wir essen, trinken und wie wir uns kleiden. Möchtest du dich von all diesen »ungesunden« Dingen (Essen, Trinken, Rauchen, selbst von der Atemluft usw.) fernzuhalten, dann dürftest du erst gar nicht herkommen, hierhin inkarnieren.

Mir stellt sich hier eine ganz andere Frage: Wo kommen diese Glaubenssätze her, wer ist für sie verantwortlich? Werden sie sogar wieder gezielt verbreitet, um vom Wesentlichen abzulenken, von dir *selbst*?

Die Manipulation funktioniert auf allen Ebenen, wie unschwer zu erkennen ist. Auch gerade bei denen, die glauben, die davon überzeugt sind, »wach«, »besonders spirituell« und »erleuchtet« zu sein. Gibt euch dies nicht zu denken, wie manipulierbar ihr doch noch seid?

Ich schreibe sehr viel vom »Glauben« und setze ganz bewusst dieses Wort bisweilen in Anführungszeichen. Weil »Glauben« und »Glauben« zwei völlig verschiedene »Paar Schuhe« sind. Glaubst du es *selbst*, d. h. wirklich aus deinem Wissen und deiner Überzeugung heraus? Oder eher, weil es dir so glaubwürdig vermittelt wird? Dein eigener Glaube ist schon sehr wichtig auf deiner Reise zu dir s*elbst*, hin zum *Bewusst-Sein-Werden*. Hierbei geht es um dein (dir selbst zu) VERTRAUEN, denn dies ist für dich *selbst* essenziell.

Wann beginnst du damit, dir *selbst* zu folgen und damit dir *selbst* zu vertrauen, mit *Selbstvertrauen* zu sein? Wann beginnst du damit, mit dem *Bewusst-Sein-Werden*?

Jemand sagte vor ein paar Monaten aus dem Sarkasmus heraus: »Frank du hast es schön.« Ich erwiderte ihm: »Ja, das habe ich, ich tue auch etwas dafür. Und zwar an mir *selbst* arbeiten und ich fokussiere mich dabei auf das Wesentliche, eben auf mich *selbst*. Ich lasse mich durch nichts mehr im Außen davon ablenken oder gar manipulieren, ich folge und vertraue stattdessen meiner eigenen Intuition und somit mir *selbst*.«

9. Lebensmittelunverträglichkeit

*Leben*smittel*unverträglich*keit
= Leben unerträglich

Stell dir doch mal in aller Ruhe die folgenden Fragen und lasse dir ausreichend Zeit, Antworten darauf zu finden.

- Was macht denn dein Leben »unerträglich« für dich?
- Welche innere Last oder gar Lasten trägst du noch mit dir?
- Was an deinem Leben (an dir *selbst*) lehnst du ab, oder lehnst du sogar dein gesamtes bisher gelebtes Leben ab?
- Wem dem so ist, seit wann tust du dies?
- Seit wann besteht denn diese »Lebensmittelunverträglichkeit«, gingen ihr besondere oder auffällige Ereignisse und Erlebnisse voraus?
- Auf welche Lebensmittel reagiert dein Körper?
- Welchen Anteil deiner »eigenen Wahrheit« er-

trägst du nicht und lässt zu, dass dein Ego sie weiterhin ins Unbewusst-Sein verdrängt?

Denke gründlich darüber nach. Denn nichts geschieht dir ohne Grund, auch deine Reaktion auf die Nahrung für deinen Körper schließt dies mit ein.

Mit deinem Körper und den von dir abgelehnten Lebensmitteln ist alles vollkommen in Ordnung. Beide möchten dich letztendlich durch ihre einander abstoßenden und weniger harmonischen Reaktionen auf etwas aufmerksam machen, nämlich auf dich *selbst*. Auf deine inneren Lasten, Disharmonien und Blockaden etc., die dein Leben für dich »unerträglich« machen, die du *selbst* folglich noch mit dir trägst. Die Ursache liegt bei dir *selbst* und dein Körper kommuniziert dir dies bloß. Dazu dienen ihm die Nahrungsmittel als Hilfsmittel. Obwohl der Körper sich in einem bei manchen Menschen extrem desolaten Zustand befindet (z. B. bei Magersucht) und dadurch förmlich ganz laut um Hilfe schreit, hören viele immer noch nicht zu. Sie sind regelrecht »schwerhörig«. Das andere Extrem ist das der Fettleibigkeit. Es wird förmlich alles in sich hineingestopft, anstatt zu gehen und loszulassen. Das wird dann unter anderem mit einer Störung des Stoffwechsels erklärt. Auch in diesem Wort sind Informationen und Hinweise enthalten. Mit anderem Augen betrachtet bedeutet *Stoffwechselstörung (Wechsel und Störung)*, dass etwas in und an seinem Leben, an sich *selbst* verändert werden will (Transformation). Einen Wechsel vom »alten Leben« hin zum »neuen Leben«, hin zu sich *selbst*. Da ist aber »etwas« (Störung), das dies zu verhindern versucht.

Zum Beispiel Eier, das Ei steht für ein »neues Leben« (Eizelle, Vogelei), und wieder gelangst du zum Leben selbst. Für dich *selbst* ein Hinweis darauf, dass du damit beginnst, ein »neues Leben« zu leben. Das »alte Leben«, das vom Ego geführte Leben hinter dir zu lassen und dich auf deine Reise zu dir *selbst* zu begeben. Nüsse sind ein weiteres Beispiel, viele davon haben die Form von Eiern. Sie sind zugleich Frucht und Samen für neue Pflanzen (neues Leben). Manche haben sogar die Form eines Embryos (neues Leben). Es ist kein Zufall, dass du, wie viele andere auch, gerade auf diese beiden Lebensmittel so ablehnend reagierst. Beides läuft symbolisch auf das Gleiche hinaus, darauf, ein »neues Leben« zu beginnen, zu dir *selbst* zu werden, hin zum *Bewusst-Sein-Werden*.

Es würde mich nicht wirklich wundern, wenn du das auflösen und dich davon befreien kannst, dass du diese Lebensmittel auch wieder bedenkenlos genießen kannst, trotz der ganzen chemischen Zusätze. Das geschieht aber nicht von heute auf morgen, auch hierzu bedarf es deiner Geduld.

Selbst deine Nahrung dient dir dazu, deine Erfahrungen zu sammeln und somit auch beim *Bewusst-Sein-Werden*. Du stellst dir jetzt sicherlich die Frage, warum das bei vielen dann schon in der Kindheit beginnt? Du bist ja nicht zum ersten Mal hier (inkarniert) und bringst »Altlasten« aus vorangegangenen Leben mit. Bei vielen verlieren sich die Unverträglichkeiten auf dem Weg zum Erwachsenwerden fürs Erste wieder und treten im weiteren Verlauf (Älterwerden) wieder hervor. Dann, wenn du z. B. über die nötige geistige Reife verfügst, um zu erfassen, was wirklich dahintersteckt. Es ist der Zeitpunkt, an dem du *selbst* schon vermehrt hervorzutreten beginnst.

Für manche von euch trifft der Inhalt dieses Kapitels zu, in Bezug auf die Reise zu sich *selbst*. Es ist Teil deines *Bewusst-Sein-Werdens.* Es ist dir auf diese Weise bestimmt, dich auf den Weg zu dir *selbst* zu machen. Der Initiator dafür, wenn du es so sehen möchtest. Bestimmt durch dich *selbst*, weil es so festgeschrieben steht in deinem Seelenplan, und den hast du auch *selbst* verfasst. Nichts »geschieht« dir, nichts tritt ohne Grund in dein Leben.

Aber bei sehr vielen steht hinter der Diagnose Lebensmittelunverträglichkeit ein anderer Hintergrund. Wer »krank« ist, lässt viel Geld in die Kassen der Pharmaindustrie fließen. Seit wir Nahrung zu uns nehmen, und dies tun wir schon seit Millionen von Jahren, um unseren Körper mit Energie zu versorgen, haben wir schon immer auch Gluten, Fructose, Lactose usw. mitaufgenommen. Das hat über diesen sehr langen Zeitraum bis vor ca. 15 Jahren niemandem geschadet und jetzt ist jeder Zweite auf mindestens eines davon allergisch. Das ist ja schon fast wie eine Epidemie, fehlt noch, dass es ansteckend ist. Ich stelle nun zwei Fragen in den Raum: Wird dies durch verschiedenste Methoden gezielt herbeigeführt und wer sagt, dass diese Tests nicht so kreiert und frisiert sind, dass sie mittlerweile bei fast jedem von uns anschlagen? Eine von diesen Methoden, mit denen viele »Krankheiten« den Menschen auch eben ganz bewusst eingeredet werden. Diese Testverfahren sind nämlich zum Großteil von der Pharmaindustrie selbst entwickelt. Die neigt dazu und tut es auch, zu jedem neuen Medikament gleichzeitig die passende Krankheit zu entwickeln. Es will ja schließlich etwas verdient sein.

Warum lenkst du deine ganze Aufmerksamkeit auf das »Negative«, die Symptome deiner »Krankheit«, anstatt auf das darin auch enthaltene Positive? Darauf, dass die Symptome deiner Unverträglichkeiten dir die Möglichkeit eröffnen, Erahrungen zu machen und dich von deinen Altlasten zu befreien?

Kämpfe auch nicht weiter dagegen an, weil du dir durch diese Form der Aufmerksamkeit auf deine »Krankheit« noch mehr »negative« Energie zufließen lässt und sie damit auch weiterhin festhältst. Versuche es doch damit, dass du sie in Liebe und Dankbarkeit als das annimmst, was sie letztendlich ist, ein Teil von dir *selbst*. Unabhängig davon, ob es sich um positive oder negative Energie handelt, diese folgt immer deiner Aufmerksamkeit. Das trifft auf alle »Erkrankungen« deines Körpers zu, mit dem du schließlich eins bist, und folglich sind es auch deine »Krankheiten«.

Wie viele Informationen und Hinweise doch in diesem einem Wort für dich enthalten sind, wenn du dir die Mühe machst und deine Aufmerksamkeit darauf richtest, um etwas genauer hinzusehen und zwischen den Zeilen zu lesen. Diese Hinweise und Informationen gilt es nun »richtig« zu deuten und zu verstehen. Das Finden der Antworten auf die oben gestellten Fragen kann dir dabei sehr hilfreich sein. Vielleicht stellt sich für dich die eine oder andere weitere Frage noch zusätzlich, und das, je mehr du dich mit dem Warum und Wieso beschäftigst (dich mit dir *selbst* beschäftigst).

Noch ein weiteres Beispiel: Intoleranzen (Fructose, Lactose, Gluten) im Zusammenhang mit den Lebensmitteln. Auch hier ist eine Nachricht für dich *selbst* enthalten. Intoleranz bedeutet etwas nicht zulassen oder geschehen lassen. Dein Ego (die Störung) möchte diesen Transformationsprozess hin zum Bewusst-Sein-Werden nicht geschehen lassen, denn das würde bedeuten, dass es selbst dafür immer mehr weichen muss, um schließlich gänzlich zu gehen.

»Ich lernte zu sehen,
damit andere auch sehen.« [*]

---

* Christoher Rivas: *A Lightworker's Creed* (›Ein Glaubensbekennntnis der Lichtarbeiter‹)

10. Unser aller Verantwortung

Vor Kurzem wurde mir während meiner Arbeit als Lichtarbeiter von einem meiner »Reisenden« die Frage gestellt, warum Gott all dieses Elend, diese Feindseligkeiten, den Hunger usw. zulässt. All diese negativen Dinge und Ereignisse, die hier auf der Erde vonstatten gehen und deren Zeugen und auch Mitwirkende wir sind.

Eine sehr berechtige Frage, wie ich finde. Nur in diesem Fall an den »Falschen« gestellt, an Gott selbst. Es stellt sich doch eher die Frage, und die sollte jeder Einzelne von uns sich selbst stellen, warum wir selbst das alles tun bzw. zulassen, indem wir daran größtenteils mitwirken, weil wir tatenlos zusehen. Wir leben doch hier auf der Erde und es liegt somit in unserer aller Verantwortung und Macht, all diese negativen Dinge und Ereignisse zu beenden, ins Positive zu transformieren. Es ist von allem mehr als genug für uns alle vorhanden. Dennoch haben wenige sehr viel davon und reißen immer mehr an sich, während sehr viele sehr wenig bis gar nichts haben und ihnen auch immer weniger zur Verfügung steht. Jeder von uns sieben Milliarden könnte ein Leben in Fülle leben, wenn diese ungerechte Verteilung nicht wäre. Nun könnte man damit argumentieren, dass dies ja so Bestimmung ist. In einer gewissen Größenordnung mag das auch zutreffen, aber nicht in diesem Ausmaß. Hier ist etwas gewaltig nicht mehr in der Ordnung und im Gleichgewicht!

Auch hier bei uns ist es immer häufiger zu beobachten, dass Rentner in den Mülleimern nach Leergut und zum Teil nach Essbarem suchen. Es beschämt mich selbst jedes Mal aufs Neue, wenn ich dies sehe. Es ist beschämend für uns alle. Wie verzweifelt wohl diese Menschen sind und groß ihre Not sein muss? Ich selbst weiß, wie sich Hunger anfühlt, diese Erfahrung durfte ich in meiner Kindheit mehrmals machen. Wenn ich abends hungrig vom Tisch aufgestanden und so zu Bett gegangen bin. Mit dem gleichen Gefühl am nächsten Morgen wieder aufstand und so auch zur Schule ging, noch dazu ohne Pausenbrot. Mein Vater hat die schimmeligen Stellen vom Brot weggeschnitten, ein wenig Margarine und Zucker darauf, fertig war das Essen. Hunger, heißt es, sei der beste Koch. Das kann ich so bestätigen, da ist etwas Wahres dran.

Ich kann mich sehr gut in diese Menschen hineinversetzen, die in den Abfalleimern wühlen, und mitfühlen, wie groß ihre Verzweiflung ist. Wie fühlt es sich nun für dich an, wenn du dir vorstellst, dass es deine eigenen Großeltern sind, die da im Abfall von anderen wühlen? Afrika mag für viele weit entfernt sein, aber unsere Abfall- und Mülltonnen stehen nun mal hier bei uns. Dann ist zu lesen, dass es dem Land gut gehe.

Wir haben mittlerweile Kinderarmut, Altersarmut und neuerdings wird von Erwerbsarmut gesprochen, und dennoch lässt sich der Großteil von uns erfolgreich suggerieren, dass alles in bester Ordnung sei. Dabei ist der Knall, wie zu erkennen ist, schon längst da, nur haben ihn viele noch nicht gehört oder wollen ihn nicht gehört haben und tun so, als ob sie das alles nicht beträfe. Lass dir gesagt sein, es betrifft uns aber allesamt. Ich habe noch ein paar Monate, bevor mein Buch erschienen ist, bei einer Regensburger Einrichtung mit ausgeholfen. Anlass war das zehnjährige Bestehen dieser Hilfsorganisation, die Lebensmittel an Bedürftige verteilt, und dazu wurde ein kleines Fest abgehalten. Wie viele inzwischen auf diese Form der Hilfe angewiesen sind, ist erschreckend – Tendenz steigend.

Ich möchte dir noch etwas zum Nachdenken mit auf deinen weiteren Weg geben: Sei dir bewusst, dass auch du stetig älter wirst, und halte dir deine Eltern und Großeltern vor Augen. Halte doch noch einmal inne, bevor du beim nächsten Mal ein Lebensmittel, dessen MDH abgelaufen ist, gleich achtlos in den Müll wirfst. Darum bitte ich dich.

Wir brauchen deshalb auch keine Ernährung mit Prana (Luft und Licht) und auch nicht diesen im Lichtkörperprozess beschriebenen Aufstieg. Was wir benötigen, ist eine gerechte Verteilung der vorhandenen Ressourcen. Dazu brauchen wir »nur« alle eins zu werden. Das als Menschen, schließlich sind deshalb hier: um Mensch zu sein. Eins zu sein, wie wir das schon an dem Ort sind, der unser wahres »Zuhause« ist. »Wie im Himmel, so auch auf Erden.« Das beinhaltet eine sehr große Wahrheit. Das ist der wirkliche »Aufstieg« und damit ist auch der Inkarnationszyklus für alle beendet. Dazu benötigen wir auch ganz gewiss nicht die Hilfe irgendwelcher Außerirdischen, das geht nur uns ganz allein etwas an.

Warum soll also unser aller Schöpfer für uns die Kastanien aus dem Feuer holen, die wir ja selbst dort hineingeworfen haben und womit wir auch noch permanent fleißig weitermachen? Unser Schöpfer hat jeden Einzelnen von uns mit allem ausgestattet, was wir benötigen, um aus diesem wunderschönen Planeten, auf dem wir nur zu Gast sind, endlich einen Ort der Liebe, des Lichtes und des friedlichen Miteinanders zu machen, die entsprechenden Veränderungen in Gang zu setzen und herbeizuführen. Eben mit reiner Liebe und reinem Licht – die beiden mächtigsten und schönsten Kräfte im gesamten Universum, die unzerstörbar sind, die über allen Gesetzen stehen, die jeden und alles durchdringen.

Jeder Einzelne von uns steht in dieser Verantwortung. Jede Veränderung im Äußeren beginnt mit der Veränderung im Inneren.

Nun noch etwas zum Thema Channeling. Was von Anfang an gleich meine Aufmerksamkeit geweckt hat, ist, dass es sich bei diesen ganzen Botschaften um nahezu den gleichen Inhalt handelt. Dass alles so, wie es ist, Friede-Freude-Eierkuchen ist. Eine schöne Illusion, die man euch da vorgaukelt – und es funktioniert. Wie kann denn alles gut sein, laut dieser Botschaften, obwohl all die oben genannten Ereignisse stattfinden? Um mal zwei von diesen Ereignissen zu nennen, die Tag für Tag stattfinden: Allein in Afrika »treten« jeden Tag ca. 40.000 von uns wegen Unterernährung die »Heimreise« an. Ganz zu schweigen von all unseren Geschwistern, die wegen Krieg (die aus wirtschaftlichen Interessen und noch ganz anderen Gründen geführt werden) auf der Flucht sind. Seid ihr euch dessen bewusst? Solche negativen Nachrichten möchten anscheinend viele von euch nicht hören. Wenn du dich vor solchen Wahrheiten verschließt, vor was verschließt du dich selbst dann in deinem Innen, in Bezug auf deine eigene Wahrheit, wo schaust du bei dir selbst weg? Lässt man (wer, sei mal dahingestellt) nicht wieder sehr viele von euch stattdessen das hören, was ihr hören wollt? Mit Speck fängt man ja bekanntlich Mäuse. Hat denn einer von euch, dem diese Botschaften durch das Channel überbracht werden und der sie auch fleißig verbreitet, schon einmal denjenigen gesehen, der sich da als Erzengel ausgibt? Jeder kann sich als einen solchen ausgeben und wer weiß, als was sonst noch. Der, der sich da als eines eurer Geschwister (Erzengel) ausgibt, sollte doch dann kein Problem damit haben, wenn ihr ihn bittet, sich euch auch zu zeigen. Vorausgesetzt, er hat nichts zu verbergen und ist auch tatsächlich der, für den er sich ausgibt. Traut euch ruhig diese Bitte zu äußern, nur zu. Hier stimmt doch einiges nicht. Dass der »Teufel« sich in seinen schönsten Gewändern zeigt, da ist was Wahres dran. Ich weiß, wovon ich spreche. Werdet ihr durch diese Botschaften denn nicht regelrecht dazu ermutigt, nichts gegen all das etwas zu unternehmen, also untätig zu sein? Nicht in eure Eigenverantwortung zu gehen? Weil ja laut dieser Botschaften alles in bester Ordnung ist. Nichts ist in Ordnung. Wann macht ihr wirklich eure Augen auf und lasst euch nichts mehr vormachen und euch manipulieren? Das hat schon immer funktioniert und wird es auch weiterhin tun, und zwar so lange, bis jeder Einzelne merkt, wie ihm da gespielt wird. Eine von vielen Lektionen, die es zu lernen gilt, und somit eine weitere Erfahrung. Hinterfragt ihr solche Dinge nicht? Spirituell zu sein und bewusst zu sein bedeutet nicht, zu allem Ja und Amen zu sagen. Außer ihr seid nicht im Bewusst-Sein! Erst recht nicht, wenn es sich um solch zwielichtigen Botschaften handelt, und schon die Art und Weise, wie diese übermittelt werden. Warum werden diese Botschaften nur wenigen von uns zuteil? Diese betreffen uns doch alle gleichermaßen und da wir ja alle mit einander verbunden sind, sollte es doch kein Problem darstellen, uns allen diese Botschaften zeitgleich zu übermitteln? Als eine Form von »Rundschreiben«, das ganz gewiss allen von uns zur gleichen Zeit »zugestellt« wird. So wäre doch sichergestellt, dass wir alle diese Botschaften auch erhalten. Ganz ehrlich, das mit dem Channeling stinkt gewaltig zum Himmel …

Zum Schluss noch ein paar mahnende Worte. Unser aller Schöpfer hat sehr große Geduld mit uns, aber wenn wir nicht damit beginnen, das *selbst* auf die Reihe zu bekommen, und somit zumindest die Ordnung und das Gleichgewicht wieder herstellen, dann wird er sich dieser »Sache« selbst annehmen und das wäre nicht das erste Mal, dass er dies tut. Es bleibt nicht bei einer schallenden Ohrfeige für uns, uns wird dieses Mal der Hintern ordentlich versohlt. Wer nicht hören will, wird fühlen. Da ist was dran. Kennen wir doch alle, diese Erfahrung hat jeder von uns schon einmal gemacht. Wie im Kleinen, so im Großen.

PS: Wenn ich von Gott schreibe, dann tue ich dies von einem Gott, der keine Hautfarbe, keine Grenzen, keine Glaubensrichtung (Religion) usw. kennt, eben von unser aller Schöpfer.

Ich überbringe hiermit als Lichtarbeiter eine Nachricht, die an uns *alle* gerichtet ist. Dieses »Rundschreiben« ist uns allen schon längst zugestellt worden. Öffnet eure Augen und nehmt wahr, was um euch herum geschieht.

11. Visualisieren – manifestieren – Lichtkörperprozess

Allen deinen Gedanken geht immer das entsprechende Gefühl voraus. Gefühle sind die wahre Sprache unseres Selbst, die unser Verstand in Worte umwandelt, sodass wir unsere Gefühle aussprechen und einander mitteilen können. Ob du dir ihrer bewusst oder unbewusst bist, positive sowie negative Gefühle sind reine Energie und geben dir damit die Möglichkeit, Gegenstände zu manifestieren und Menschen in dein Leben zu ziehen. Gleich vorweg, du wirst aber nur die Dinge in dein Leben holen können, die dir laut deinem Seelenplan bestimmt sind. Ebenso werden auch nur die Menschen in dein Leben treten, denen zu begegnen dir bestimmt ist. Das ist ein weit verbreiteter »Glaube« (oder eher doch ein Wunschdenken), dass wir in der Lage sind, alles, was wir uns wünschen und vorstellen, manifestieren zu können. Dies ist definitiv nicht so, es entspricht nicht der Wahrheit. Lasse dir auch von niemandem einreden, dass du doch dazu fähig bist. Als göttlichem Wesen sind dir keinerlei Grenzen gesetzt, dies ist korrekt. Aber in der menschlichen Daseinsform sind dir Grenzen gesetzt und dies unter anderem aus dem Grund des Erlebens und des Sammelns von Erfahrungen eben als Mensch. Hinzu kommt der Umstand, dass dein Körper physikalischen Beschränkungen und Begrenzungen unterworfen ist und dir das ebenso gespiegelt wird. Das ist einer von vielen Gründen, warum du hier bist, dass du eben nicht alles herbeizaubern kannst, was du visualisierst, es wäre ja dann auch viel zu einfach. Wenn ich selbst in diesem Buch davon schreibe, dass ich frei von allen Beschränkungen, Begrenzungen und Barrieren bin, dann spreche ich von denen, die mein Ego errichtet hat. Diese gilt es nämlich zu überwinden, gänzlich ein- und niederzureißen. Das Ego dadurch immer mehr weichen zu lassen und damit Raum für mich *selbst* als Bewusst-Sein zu machen.

Je mehr du auf deiner Reise zu dir *selbst* voranschreitest, wirst du erkennen und dich daran erinnern, was du alles brauchst zum *Bewusst-Sein-Werden*. Du wirst dich dann intuitiv und nach und nach bewusst ausschließlich auf die Dinge, Gegenstände und Menschen fokussieren, die dir auf dieser deiner Reise bestimmt sind. Deine ganze Aufmerksamkeit wird in das Visualisieren all dessen fließen. Der Ort und die Zeit spielen dabei absolut keine Rolle. Denn auch hier geistert ein Irrglaube durch die Sozialen Netzwerke und wird auch von vielen unserer Mitmenschen so weitergegeben, dass wir laut der Symptome, die im Zusammenhang mit dem Lichtkörperprozess erwähnt sind, zwischen

02.00 und 04.00 Uhr nachts im erhöhten Bewusstsein seien und alles, was wir in diesem Zeitraum visualisieren, schneller manifestieren könnten. Ich selbst werde auch manchmal um diese Zeit wach, aber komischerweise nur unter der Woche, noch nie am Wochenende. Sind Samstag und Sonntag dann Ruhetage, an denen auch kein erhöhtes Bewusstsein stattfindet? Mich macht schon allein diese Zeitangabe stutzig, warum nicht von 11.00-13.00 Uhr oder von 00.00-02.00 Uhr? Genau zu dieser Zeit (02.00-04.00 Uhr) befindet sich unser Körper in der Tiefschlafphase, dem für ihn selbst erholsamsten Schlaf überhaupt, und aus dem wird er herausgerissen. Wann wir in diesem beschriebenen erhöhten Bewusstsein sind, das entscheidet jeder von uns *selbst*. Ich stelle jetzt mal eine Frage in den Raum: Wer und was steckt da wirklich dahinter? Wie ich finde, eine doch sehr berechtigte Frage. Nur weil all dies irgendwo geschrieben steht und auch weit verbreitet ist, heißt dies noch lange nicht, dass ich es als gegeben nehme. Bewusst-Sein bedeutet nicht allem blind bedingungslos zu vertrauen und zu glauben, sondern auch zu hinterfragen, denn vieles ist nicht so, wie es scheint. Es bedeutet für mich, in erster Linie mir *selbst* zu vertrauen und damit gleichzeitig meinem Schöpfer. Du allein entscheidest mit der Energie deiner Aufmerksamkeit, der Energie deines Willens und deines inneren Wollens, wie »schnell« du manifestierst. Sei dir dessen *selbst* stets bewusst, dass Energie und Materie immer deiner Aufmerksamkeit folgen, und dies ist definitiv unabhängig von Zeit und Ort. Hierbei handelt es sich um eine Gesetzmäßigkeit. Und überhaupt, nicht darauf, wie »schnell« du manifestierst, sondern wie detailliert du dies tust, auf die Qualität kommt es an. Es kommt sowieso erst zum *richtigen Zeitpunkt* in dein Leben und der ist, wenn du dafür wirklich bereit bist. Also habe Geduld vor allem mit dir *selbst*. Alles braucht seine Zeit, weil es ein Vorgang, ein Voranschreiten ist. Mache dir *selbst* auch keinen »Zeitdruck«, indem du glaubst, dass sich alles innerhalb von bestimmten Zeiträumen manifestieren müsste. Sei einfach beharrlich, werde *selbst* zur Beharrlichkeit. Bleibe dabei auch stark im Glauben und im Vertrauen in dich *selbst*. Noch etwas sehr Wichtiges für dich und das gilt für deine gesamte »Reise«: Du wirst nichts erzwingen können.

Selbstvertrauen, Glaube, Geduld und Beharrlichkeit sind sehr wichtige Aspekte oder Teile deines wahren *Selbst*. Ich bezeichne sie auch sehr gerne als »Werkzeuge«, die dir auf deiner Reise zu dir *selbst* zum Bewusst-Sein-Werden sehr hilfreich sind. Es sind einige von vielen, die dir, die uns allen mitgegeben sind. Nutze diese dir mitgegebenen »Werkzeuge« ihrem Zweck entsprechend, denn auch das kannst du bereits; erinnere dich lediglich wieder *selbst* an ihre »Handhabung«. So wie du den Hammer dazu verwendest, einen Nagel in die Wand zu klopfen, eben seinem Zweck entsprechend. Alles ist schon da, vieles davon kannst du aber noch nicht mit den herkömmlichen Sinnen erfassen (sehen, hören, greifen). Aber das wirst du können, nur Geduld. Jetzt kommt doch noch das *aber*: Nur allein mit dem Visualisieren ist es nicht getan, du wirst dazu auch entsprechend ins Handeln gehen müssen, sonst passiert nichts. Es sind noch niemandem gebratene Tauben in den Mund geflogen. Die musst du erst einmal fangen, töten, rupfen, ausnehmen und dann zubereiten, bevor du sie überhaupt essen kannst. Oder zumindest einkaufen und zubereiten. Wie du siehst, ist es mit sehr viel Handarbeit (Handeln) verbunden. Dieses Buch ist mir auch nicht fix und fertig in den Schoß gefallen, in ihm steckt sehr viel meiner eigenen Energie, auch meiner Aufmerksamkeit und Liebe.

Dieser ganze Lichtkörperprozess ist meinem Empfinden nach mit »etwas Vorsicht« zu betrachten. Auch ich habe mich zu Beginn meiner eigenen Reise zu mir *selbst* von dem, was in Bezug auf den Lichtkörperprozess publiziert worden ist, mitreißen lassen. Aber wie gesagt stehe ich dem Ganzen schon länger skeptisch gegenüber. Warum zum galaktischen Menschen transformieren und warum dafür extra die lange Reise hierher auf sich nehmen? Der galaktische Mensch kann sich an jeden beliebigen Ort teleportieren, Gegenstände nur durch die Kraft seines Geistes bewegen. Fragt sich dann nur, warum ich überhaupt in diesem Körper bin? Der zwei Beine hat, um überall dorthin zu gelangen, wo es mir bestimmt ist zu sein und wo ich *selbst* auch sein möchte, zwei Hände, um damit Dinge in Bewegung zu setzen und Gegenstände zu greifen. Wir sind in der Lage, ohne technische Hilfsmittel sehr große Entfernungen zurückzulegen, um unter anderem auch zur Erde zu gelangen. Mit Raumschiffen gelangen wir sicherlich nicht hierher. Denn das würde bedeuten, dass bei dem permanenten Kommen (Geburt) und Gehen (Tod) ein regelrechter Shuttle-Service eingerichtet wäre.

Wir sind doch schon diese Wesen, dadurch, dass wir ein Teil und ein Abbild unseres Schöpfers sind. Dafür bin ich nicht hergekommen auf den blauen Planeten, um dies auch hier zu sein, ganz gewiss nicht. Dann kann ich ja auch gleich an dem Ort bleiben, der mein wahres »Zuhause« ist. Ich bin hier, um als Mensch meine mir bestimmten Erfahrungen zu sammeln, als Lichtarbeiter meine Bestimmung zu erfüllen und mir dabei meines wahren *Selbst* lediglich wieder bewusst zu werden. Ein weiterer sehr wichtiger Grund, warum wir alle immer wieder in die menschliche Form inkarnieren, um auch als Menschen ALL-EINS zu sein. Bei mir stellt sich immer mehr der Eindruck ein, dass sehr viele vergessen haben oder sich auch gar nicht daran erinnern wollen, warum wir in Wahrheit immer wieder hierherkommen, und sich zunehmend in die Spiritualität »flüchten«. Zudem weiß ich heute selbst, was mir mein eigener Körper mit diesen »Symptomen« wirklich mitteilen wollte. Ich habe ihre wahre Bedeutung verstanden und diese haben sehr wenig mit den im Lichtkörperprozess beschriebenen Deutungen zu tun. Vor allem, weil es für diese Symptome unterschiedliche Interpretationen und auch Quellen gibt.

Zum Beispiel ist auch beschrieben, dass alte Bekanntschaften und Freunde wegfallen und neue hinzukommen. Geh doch mal bis in deine Kindergartenzeit zurück. Dort sind die ersten Freund- und Bekanntschaften geschlossen worden, bis dann die Grundschule begonnen hat. Dann trennten sich bereits die ersten Wege und neue Freunde traten in dein Leben, und so zog sich das hin über weiterführende Schulen, Berufsausbildungen, Arbeitsplatzwechsel, Umzug in eine andere Stadt oder sogar in ein anderes Land. Für mich selbst ist dies völlig »normal«, es ist ein Teil meines Weges, um Erfahrungen zu sammeln. Auch dass man sich eher zu Menschen hingezogen fühlt, die die gleichen Ansichten, Interessen und Glauben teilen. Gleiches zieht nun mal Gleiches an. Dies ist aber schlichtweg eine Gesetzmäßigkeit, das Gesetz der Anziehung oder der Resonanz. Allein deshalb erkenne ich darin nichts »Übersinnliches«. Ein Fußballer tritt ja auch einem Fußballverein bei und nicht einem Kegelclub.

Was hätte laut den Verfechtern des Lichtkörperprozesses noch alles eintreten müssen/sollen bis zum Jahr 2012? Und wie viel hat sich davon tatsächlich bewahrheitet und manifestiert? Von Licht und Luft (Prana) werden wir uns ernähren, beides ist ja nun in Hülle und Fülle vorhanden. Und warum sterben dann immer noch jeden Tag so viele an Hunger und Durst? Vom Aufstieg der Menschheit ist beim Lichtkörperprozess die Rede, die angeblich dazu bereit ist. Die vielen Kriege, die zwischen 1987 und 2012 stattgefunden haben, wie in Jugoslawien, im Kosovo, der 1. und 2. Golfkrieg, die Völkermorde in Ruanda und Somalia (die über Krieg sogar hinausgehen), in Afghanistan und im Augenblick in Syrien. Ich hege aufgrund dessen schon sehr starke Zweifel, dass die Menschheit für den »Aufstieg« bereit ist. Durch diese Kriege wird uns indessen verdeutlicht, wie extrem wir dadurch unser Diabolisches Bewusstsein, und das im Kollektiv, ausleben. Hierzu weise ich auf mein Kapitel »Unser aller Verantwortung« hin. Meinem Empfinden nach verstehen wir sehr viel vom »Kriegshandwerk« und beherrschen dieses »etwas« zu gut. Und es erweckt bei mir den Anschein, dass es uns in die Wiege gelegt ist.

Wer dennoch zu diesem drastischen Mittel greift, tut dies aus reinen Machtinteressen oder er ist mit seiner Weisheit und Besonnenheit am Ende angelangt. Bewusste, besonnene und weise Menschen führen keinen Krieg mehr bzw. haben das noch nie getan. Denn sie sind mit dem Wissen und der Weisheit gesegnet, dass es immer eine andere Option gibt.

In diesem so beschriebenen ganzen Lichtkörperprozess – und was sonst noch im Zusammenhang mit ihm erwähnt wird – finden sich recht viele solcher »Auffälligkeiten«, die zugegebenermaßen schön in Worte verpackt sind. Wenn du dir aber nur ein wenig die Mühe machen möchtest, zwischen den Zeilen zu lesen und genauer hinzuschauen, wirst auch du das erkennen. Achte dabei vor allem auf deine Gefühle. Denn genau das fehlt, Gefühle und Emotionen in all den Schilderungen und Beschreibungen des Lichtkörperprozesses. Das Ganze erinnert an Science-Fiction, zum Beispiel an Star Trek, denn dort wird auch von einer Föderation der Planeten (Galaktische Föderation) gesprochen.

Ich komme nun doch noch auf die ganzen Außerirdischen zu sprechen, von denen ebenso berichtet wird.

Wir sind ja *selbst* von »auswärts« und auch sicher nicht die einzige Lebensform im gesamten Universum, daran hege ich keine Zweifel. Aber wenn all diese Außerirdischen uns ja so wohlgesonnen sind, uns helfen wollen bei diesem »Aufstieg«, warum dann das Versteckspiel? Warum zeigen sie sich uns dann nicht? Vor allem aufgrund der Tatsache, dass wir laut der Sirianer schon so weit dafür sind, dass uns ihre Hilfe und die der Galaktischen Föderation zuteilwird. Wer nichts zu verbergen hat, auch nicht sich selbst, der spielt mit offenen Karten. Es sei denn, dass seine Absichten doch nicht so nobel sind, wie man uns das glauben lassen möchte! Und überhaupt, wer hat sie denn um ihre Hilfe gebeten?

Sei wachsam und achtsam. Lasse dir kein X für ein U vormachen!

Ich als Lichtarbeiter distanziere mich davon. Das hat aufgrund meiner eigenen Erfahrungen als Lichtarbeiter nichts mit Lichtarbeit zu tun. Auch wenn das Synonym *Licht* schon auffällig oft gebraucht wird und sogar wir Lichtarbeiter erwähnt sind.

Hier kann ich letztlich nur für mich selbst sprechen. Schaut euch das mit dem Lichtkörperprozess selbst an und macht euch ein eigenes Bild davon.

»Ich lerne zu sehen, damit auch andere sehen.« [*]

---

[*] Christoher Rivas: *A Lightworker's Creed* (›Ein Glaubensbekennntnis der Lichtarbeiter‹)

12. Blockaden – unsere eigene Kreation

Ist es uns allen nicht schon so ergangen, dass wir an einem »Problem« hängen bleiben, fieberhaft nach einer Lösung suchen, aber keine finden, weil wir uns wie blockiert fühlen, je mehr wir uns damit beschäftigen?

Dann fühlen wir richtig, wir haben eine Blockade. Das von Beginn an erwähnte, im Äußeren bestehende »Problem« zeigt uns dies nur, ist schlichtweg ein Hinweis an uns *selbst*, dass uns etwas blockiert, und kann uns auch bei einem genaueren Hinschauen schon die ersten Hinweise darauf geben, was uns blockiert und warum es dies tut. *Wir* sind es, die dieses Gefühl kreieren! Niemand außer uns *selbst* kann unsere »Blockaden« lösen. Denn *wir* sind für unsere Gefühle, Emotionen und Empfindungen verantwortlich.

Stattdessen ist die Frage angebracht, warum wir dieses Gefühl erschaffen. Was wollen wir uns damit sagen!? Finden wir die Antwort darauf, löst sich die Blockade, denn das Symptom hat seine Aufgabe erfüllt.

Die Antworten auf solche Fragen entpuppen sich letzten Endes wieder als Lektionen. Es geht auch hierbei wieder darum, Erfahrungen zu sammeln. In der Art und Weise, wie wir diese Erfahrungen machen, sind unserer Kreativität keine Grenzen gesetzt, und zwar in jeder Hinsicht, in allen Bereichen und allen Lebenslagen während unseres Daseins hier auf der Erde, wo wir ja nur zu Gast sind. Zumal alle unsere Erfahrungen, die gesammelt und erlebt werden wollen, und auch das Wie in unserem Seelenplan festgeschrieben stehen. Das bedeutet, dass selbst all unsere Blockaden ein fester Bestandteil unseres Lebens hier sind. Dazu gehören auch alle Beschränkungen, Begrenzungen und Barrieren, die unser Ego und auch unser soziales Umfeld im Laufe unseres Lebens aufgebaut hat. Diese gilt es nun auf deiner Reise zu dir selbst wieder zu beseitigen, zu sprengen und zu überwinden, denn sie stehen dir dabei regelrecht im Weg.

Beschränkungen – Begrenzungen – Barrieren überwinden und transformieren (negative Glaubenssätze in positive umwandeln)

Ein einfaches Beispiel dazu anhand dieses negativen Glaubenssatzes.

1. »Ich kann mir das nicht vorstellen.« Zuerst die Beschränkung darin erkennen, in diesem Fall das einfache Wort *nicht*. Nimm *nicht* aus dem Satz (auch aus deinen Gedanken, vor allem dort) heraus und damit hast du das, was dich in deiner Vorstellungskraft begrenzt, neutralisiert.
2. »Ich kann mir das vorstellen.« Daraus kreierst

du jetzt ganz leicht einen positiven Glaubenssatz, eine Affirmation.

3. »Ich bin in meiner Vorstellungskraft völlig grenzenlos.«

So einfach ist es, etwas Negatives in etwas Positives zu transformieren; und das geht mit allem.

> »*Umwandlung*, nicht *Verneinung*, ist die *Waffe*
> des *Meisters*.«

Hermes Trismegistos Thot

13. Rückführung – warum in die Ferne schweifen?

Welche Antworten erhoffst du in deinen vorangegangenen Leben/Inkarnationen zu finden? Wird dadurch nicht der Verlauf deines Seelenplanes verändert und wenn ja, im positiven oder negativen Sinne? Werden dadurch alle noch nachfolgenden Inkarnationen ebenso beeinflusst? Bist du dir der Tragweite und der möglichen Folgen bewusst? Warum in die Ferne schweifen, wenn du die Antworten, die du dir von deiner angedachten oder geplanten Rückführung in ein oder mehrere Leben erhoffst, hier in diesem Leben findest?

Die Vergangenheit innerhalb deines jetzigen Lebens ist es, die es meiner Erfahrung als Lichtarbeiter nach zu reflektieren gilt, um noch einmal einen genaueren Blick darauf zu werfen, unabhängig davon, wie »schmerzhaft« dies dann eventuell sein mag. Ist es nicht die Angst, die dich davon abhält, dass du dir deine »jetzige« Vergangenheit bewusst ansiehst? Eben die Angst davor, dir die Dinge und Situationen noch einmal bewusst anzuschauen, die in Wahrheit aber dein Ego ins Unbewusst-Sein verschoben und verdrängt hat. Schaue dir diese Dinge und Situationen jetzt in deinem Be-wusst-Sein an und nicht, wenn du dabei in Trance bist. Durchlebe sie noch einmal vollkommen bewusst, mit all den dabei aufkommenden Gefühlen, Emotionen und Empfindungen. Auch das hilft dir letzten Endes zum weiteren Bewusst-Sein-Werden. Weil du dir deine Vergangenheit im Wachzustand (bewusst) anschaust und nicht »im Schlaf«. Die Möglichkeit der Rückfüh-rung ist sicherlich der bequemere Weg, in Wahrheit aber doch eher ein Weglaufen, aus Furcht, die von dir gelebten und erlebten Situationen noch einmal ganz bewusst zu erfahren.

Die Lektionen und die daraus resultierenden Erfahrun-gen, die du versäumt hast zu machen, kannst du nur in dieser Inkarnation nachholen, lernen und erfahren. Das ist einer von vielen Gründen, warum du wieder hier bist. Nimm diese wieder gegebene Gelegenheit als Ge-schenk wahr.

Also eine Reise in deine Kindheit so weit zurück, wie es dir möglich ist, dich zu erinnern. Schau dir an, was dir von diesem Zeitpunkt an alles widerfahren ist, wie sich Ereignisse wiederholt haben, und erkenne (gerade hierbei unterstütze ich dich, beim Erkennen) die darin enthaltenen Lektionen oder Lernaufgaben. Integrie-re diese als weitere Erfahrungen und lasse dann diese Vergangenheit hinter dir, lasse sie los. Durch das Er-kennen dieser Lernaufgaben, ich bin mir hierbei sehr sicher (weil ich aus meiner eigenen Erfahrung spreche) löst du auch nicht erkannte karmische Lektionen (aus Vorleben). Zudem beginnst du, indem du in deine Kindheit zurückreist, damit auch dein Inneres Kind zu heilen. Insbesondere wenn du dir deine Schattenteile anschaust, beginnst du eine tiefe und gründliche Reinigung zu vollziehen. Ein weiterer überaus wichtiger Prozess auf deiner Reise zu dir *selbst*. Dies tust du aber alles in diesem Leben.

Zudem setzt eine Rückführung voraus, dass du demjenigen, der diese Rückführung durchführt, bedingungslos vertraust und du emotional und geistig sehr gefestigt bist. Tust du dies und bist du das?

Noch eine letzte Frage an dich zum Schluss. Warum, glaubst du, inkarnieren wir eigentlich nicht gleich wieder in diese vergangenen Leben, in denen wir versäumt haben, die eine oder andere Lektion zu lernen? Weil es eventuell nicht vorgesehen ist, das in irgendeiner Form zu tun, auch nicht über eine Rückführung?! Letztendlich obliegt es jedem *selbst*, zu tun und zu lassen, was er für richtig hält. Wir sind schließlich alle mit einem freien Willen ausgestattet. Charlie Chaplin spricht in diesem Zusammenhang dieselbe Sprache wie ich:

»Als ich mich selbst zu lieben begann,
habe ich mich geweigert, weiter in der Vergangenheit
zu leben und mich um meine Zukunft zu sorgen. Jetzt
lebe ich nur noch in diesem Augenblick, wo alles statt-
findet, so lebe ich heute jeden Tag und nenne es
›Bewusstheit‹.« *

* Aus seiner Rede an seinem 70. Geburtstag am 16.04.1959

14. Reisen – Bewusst-Sein-Werden und Selbstheilung

So wie ich *selbst* den »Reisen« in zum Beispiel vergangene Leben (Rückführung), in die Zukunft (z. B. Kartenlegen) *bewusst* ablehnend gegenüberstehe, tue ich dies auch bei gezielt herbeigeführten Astral-Reisen. Ein Phänomen, mit dem ich auch immer wieder auf verschiedene Arten in Berührung komme. Ist es wirklich wichtig für dich, für dein *Bewusst-Sein-Werden*, dass du deinen Körper verlassen kannst? Sind wir nicht schon zu Genüge auf »Reisen«, wenn wir träumen? Reicht es nicht aus, dass du deinen Körper verlässt, wenn der Zeitpunkt deiner Heimreise (»Tod«) ansteht? Ist es für dich *selbst* nicht wichtiger, deine Seelenzeit mit den »Dingen« zu verbringen, die dir wirklich dabei helfen, Bewusst-Sein zu erlangen? Die Erfahrung der Astral-Reisen durfte ich bereits selbst machen. Aber hat es mich dabei unterstützt bzw. hat es zum *Bewusst-Sein-Werden* beigetragen? Nicht wirklich. Wir sind ja auch letztendlich hier auf der Erde inkarniert, um hier zu *sein*, und nicht, um auf andere Ebenen oder in bereits gelebte Leben zu »reisen«. Dafür brauchen wir uns ganz bestimmt nicht herzubemühen, das könnten wir, wenn es für uns notwendig wäre, auch von »zuhause« aus tun, uns also den »Umweg« Erde ersparen. Ich wiederhole es immer wieder, Bewusst-Sein-Werden findet im Hier und Jetzt statt, in diesem Leben.

Seit gut zwei Jahren benötige ich weder meine Brille noch meine Hörgeräte (ich war schwerhörig). Was kein Arzt schaffte, habe ich selbst zustande gebracht, und zwar durch permanente und intensive Seelenarbeit an mir *selbst*. Indem ich mir die »Dinge« wieder ganz bewusst angeschaut habe, die »Schuld« daran trugen, dass ich Brille und Hörgeräte benötigte. Diese »Dinge«, die mein Ego in Wahrheit nicht sehen und hören wollte und die es deshalb tief ins Unbewusst-Sein verdrängt hatte. Dazu bin ich bis in meine Kindheit »zurückgereist« und habe mir all diese Erlebnisse eben noch einmal ganz bewusst angesehen und damit ins Bewusst-Sein hervorgeholt (dazu mehr im Kapitel »Vergebung und Verzeihung«). Letzten Endes haben sich auch diese »schlimmen Dinge« als weitere Erfahrungen für mich *selbst* entpuppt und sie »wollten« nun mal von mir so erkannt werden. Es war für mich von großer Bedeutung, dass ich dies auch so wahrnahm und das Erlebte zusätzlich dann auch noch integrierte und auflöste. Das war für mein weiteres Bewusst-Sein-Werden sehr wichtig und so konnte ich das auf den ersten Blick als »negativ« Erscheinende in Positives für mich transformieren.

Was mein Sehen (Augen) und mein Hören (Ohren) betrifft, da bin ich mir ziemlich sicher, dass sich beides weiterhin verbessern wird, da geht noch was, noch einiges. Es hat schließlich Jahre gebraucht, diesen »Schaden« anzurichten. Dementsprechend lange dauert es nun auch, um ihn wieder zu korrigieren. Gut Ding braucht Weile oder alles hat seine »Zeit«, es ist ein Prozess (Prozedere), ein Vorgang, der nun etwas dauert. Also schön geduldig und beharrlich sein.

Dieser Prozess der Selbstheilung hat sich nicht nur auf meine Augen und Ohren beschränkt, sondern auch auf meine lokale Neurodermitis, die sich verabschiedet hat, und trotz meiner attestierten Arthrose im linken Knie wandere ich heute 30-40 km am Stück ohne Beschwerden. Selbst meine Stirn- und Nebenhöhlenentzündungen, mit denen ich ein- bis zweimal im Jahr geplagt war, gehören der Vergangenheit an. Das gilt ebenso für meine Kreuzschmerzen – ich habe die »Lasten«, die eigenen und die der anderen, mit denen ich mich all die Jahre von meinem Ego hatte »beschweren« lassen, abgelegt. So viel zur spontanen Selbstheilung, nichts heilt ohne Grund. Und wenn ich dazu in der Lage bin, dann könnt ihr das auch, jeder Einzelne von uns. Es setzt nur die Bereitschaft zur »Arbeit« an dir *selbst* voraus und das absolute Wollen. Kein anderer im Außen kann dich »heilen«, nur du *selbst* bist dazu wirklich in der Lage. Der Prozess der Selbstheilung dient deinem *Bewusst-Sein-Werden*. In Wirklichkeit gibt es nichts zu heilen, es sind nur Botschaften, die dich auf etwas ganz Bestimmtes hinweisen wollen, und dazu dient dir dein

Körper mit all deinen »Krankheiten«: dich *selbst* auf noch nicht gelernte Lektionen und gesammelte Erfahrungen aufmerksam zu machen. Du *selbst* (als Seele) kannst nicht »erkranken«. Wie kann etwas, das unzerstörbar ist – als Energie, die nun mal unzerstörbar ist, wenn sie erst einmal entstanden ist – dann »beschädigt« oder »verletzt« sein? Das Einzige, was hier wirklich verletzt oder *gekränkt* ist, ist das Ego.

Noch etwas sehr Schönes ist in Bezug auf dein Bewusst-Sein-Werden zu erkennen: »Es« (DU) setzt sich aus sehr vielen Aspekten (Teilen) deiner *selbst* zusammen. Aus vielem wird eins, und eins ist vieles, so wie sich das Kollektiv-Bewusstseins aus vielen (aus Unzähligen von uns allen) zusammensetzt, denn jeder Einzelne von uns ist Teil dieses Kollektiv-Bewusstsein. Wie im Kleinen (DU), so im Großen (Kollektiv).

PS: Wenn du dich krank fühlst, geh auch weiterhin zum Arzt. Meine Hinweise sollen dich nicht davon abhalten, ärztlichen Rat und Hilfe in Anspruch zu nehmen! Es ist immer noch deine Entscheidung, in welcher Form du Hilfe annimmst.

15. Vorwort zu meiner ersten Wanderung vom 03.10.-14.10.2016

Vor etwa einem Jahr habe ich mich nach einer Eingebung zu dieser Reise entschieden und von da an sehr viel meiner Energie und Aufmerksamkeit darauf verwendet. Ziel dieser Reise war in erster Linie kein bestimmter geografischer Ort – das eigentliche Ziel, auf das ich mich konzentrierte, war ich selbst. Und ich habe etwas sehr Wichtiges auf meiner bisherigen Reise zu mir selbst gelernt: zuzuhören, vor allem wenn mein Schöpfer zu mir spricht, aber auch den in unserem »Zuhause« gebliebenen Geschwistern, die zu mir sprechen. Natürlich folge ich letztendlich mir selbst, bin aber für jeden »Hinweis« von zuhause dankbar und empfänglich (lach). Ich habe diese Etappe auf meiner eigenen Reise zu mir selbst ein Jahr lang geplant, zumindest was die Route und die materiellen Dinge betrifft. Ich wurde dabei permanent von allen Seiten und auf allen Ebenen unterstützt.

Eine weitere ganz wichtige Lektion, die ich auf meiner bisherigen Reise gelernt habe, war, dass ich auch mit geringen Mitteln sehr weit kommen kann. Ich habe alle meine Ziele bisher erreicht oder ich bin bereits dabei, sie zu erreichen, und ich fühle mich sehr glücklich. Was ist wenig und was ist viel? Allein mit Glauben, Vertrauen, Geduld, Beharrlichkeit usw. können alle gesteckten und auch vorgegebenen Ziele erreicht werden, die im Inneren und die im Äußeren.

Ansonsten lasse ich einfach auf mich zukommen, was mich da alles so erwartet, mit wem sich mein Weg kreuzt, zu welchen tiefgreifenden Selbsterkenntnissen ich gelange usw. Diese Etappe dient mir unter anderem zur Reinigung meines Körpers, meines Geistes und meiner selbst. Es hilft mir, noch mehr eins zu sein mit meinem Körper und meinem Geist, es verhilft mir zu einer Selbstreflektion, um noch mehr selbst hervorzutreten und zum Vorschein zu kommen, um mich als SEIN zu transformieren und zu manifestieren, im Inneren und im Äußeren, um den Kontakt nach »Hause« noch mehr zu intensivieren. Sie dient mir als Prüfung (in mancherlei Hinsicht). Es ist mir schon länger bewusst und so habe ich es auch bestätigt bekommen, dass sich nach dieser Reise vieles zum noch Besseren für mich verändert. Die Reise, die ich komplett und nur mit dem Nötigsten (jede Nacht im Zelt …) zu Fuß zurücklege. Zudem ist Wandern für mich persönlich die schönste Form der Meditation, nach einer gewissen Zeit unterwegs in Mutter Natur herrscht Stille, mein Geist ruht, er ist entspannt. Die Natur ist der schönste und beste Ort, um neue positive Energien zu tanken, negative Energien gehen zu lassen oder zu transformieren. Nur die Anreise zum Startort Furth im Wald findet mit der Bahn statt und ebenso die Heimreise nach Regensburg. Nach dieser Etappe bin ich noch mehr ich selbst. Sollte aus irgendwelchen Gründen oder Begebenheiten Hilfe vonnöten sein, da bin ich mir sehr sicher, wird mir diese auch wie bisher zuteil, und das in jeder Hinsicht. Das Ziel bleibt dabei immer noch das Ziel, es genießt oberste Priorität. Nicht der Weg ist das Ziel; was nützt mir der schönste Weg, wenn ich mein Ziel nicht erreiche, weil ich zu sehr auf den Weg fokussiert bin? Wie viele kommen vor lauter »Schönmalerei« und »Schönrederei« nie an ihrem Ziel an?

Ein Beispiel: Beim Fußball gewinnt nicht die Mannschaft, die sich vornimmt, ein schönes Spiel abzuliefern, sondern die Mannschaft, die die meisten Tore schießt, unabhängig davon, ob sie ein schönes Spiel abgeliefert hat. Das Ziel ist hierbei das Gewinnen des Matches und der Weg dorthin, dass man mehr Tore schießt als die andere Mannschaft. Somit sind der Weg und das Ziel bekannt. Hinterher interessiert es so gut wie niemanden, wie dieses Fußballspiel gewonnen wurde, sondern nur, wer es gewonnen hat.

Noch einmal: Das Erreichen des Zieles bleibt immer das Ziel. Du bist in dem Augenblick, wenn dir dein Ziel bewusst ist, bereits dorthin unterwegs. Dein Weg auf deiner Reise zu dir selbst ist von dir selbst bereits vorgegeben und so festgelegt (bestimmt).

Liegt dieser Weg noch nicht ganz klar erkennbar vor dir, dann bitte um Hilfe, ihn für dich sichtbarer werden zu lassen. Du wirst schon bald sehen, dass deiner Bitte entsprochen wird.

Ich habe mich nicht auf die Beschaffung der finanziellen Mittel zur Anschaffung meiner Ausrüstung fokussiert, sondern auf das Herbeiholen der Ausrüstung.
Das hat zwar ein Jahr gedauert, aber die Zeit (der Weg)
ist unwichtig, wichtig ist, dass ich alle Dinge für meine
Reise zu mir *selbst* (das Ziel) zusammengetragen habe.

16. Reisebericht zu meiner ersten Wanderung

03.10.2016 / 1. Tag | Furth im Wald – Neukirchen bei Hl. Blut

Der erste Tag und die erste Etappe wären geschafft. Mein Lager für die Nacht habe ich irgendwo am Fuße des Hohen Bogens (950 Hm) mitten im Wald aufgeschlagen. Ein sehr schöner, stiller und friedlicher Ort, der richtige, um hier die Nacht zu verbringen. Es regnet schon, seit ich in Furth im Wald angekommen und losgegangen bin. Aber darum geht es ja unter anderem, bei diesem Teil meiner eigenen Reise zu mir *selbst*, trotz aller Widrigkeiten und Hindernisse im Außen mein Ziel zu erreichen.

Ich hatte, kurz nachdem ich Eschlkam hinter mir gelassen habe, die erste tiefgreifende Erkenntnis. Etwas, das ich schon länger ahne, spüre, fühle: dass das meine letzte Runde ist, ich zum letzten Mal hier auf der Erde inkarniert bin. Für mich endet mit diesem meinem »Aufenthalt« hier der Inkarnationszyklus. Dafür spricht auch mein »Hauptziel«, das sich aus vielen Zwischenzielen zusammenfügt (diese Reise ist eines davon): vollkommen ich *selbst* zu SEIN. Und dieses Ziel wird, und dessen bin ich mir sehr sicher, auch erreicht. Umso glücklicher macht es mich zu wissen, dass ich bei meinem letzten Dasein auf der Erde noch einmal als Lichtarbeiter hier bin. Ein schöneren Abschluss kann ich mir nicht vorstellen. Um sehr vielen dabei zu helfen, sie dabei zu begleiten, zu führen und zu leiten. Jeder von uns hat diese Möglichkeit, jeder Einzelne, seinen Inkarnationszyklus zu beenden. Dies ist nicht mehr nur wenigen »Auserwählten« vorbehalten.

Ich bin ja ohne Ausweis, ohne EC-Karte und ohne Versichertenkarte unterwegs. Mein Budget für Essen und Trinken beträgt fünf Euro pro Tag (dreiundzwanzig Euro extra für das Bahnticket am 14.10.2016 zurück nach Regensburg). Hier geht es letztendlich um Vertrauen und Glauben in mich und an mich *selbst*, in und an meinen Schöpfer und an das große Ganze. Mein Vertrauen und auch mein Glaube sind vollkommen berechtigt und werden auch »belohnt«, ganz sicher.

Heute Morgen in Cham am Bahnhof – wie schon erwähnt, habe ich keinen Ausweis dabei – ist die Polizei zugestiegen, zwecks Ausweiskontrolle. Aber der Kelch ging an mir vorüber, es gibt keinen Zufall, stattdessen sage ich Vertrauen und Glauben. Wie ich finde, ist das ein sehr guter Beginn meiner Reise, der mich zu Recht völlig optimistisch stimmt.

Der Tag neigt sich dem Ende zu, die ersten 26 Kilometer waren gut zu wandern und das zusätzliche Gewicht von 15 kg auf meinem Rücken und meinen Schultern ist noch etwas gewöhnungsbedürftig. Meine feuchten

Klamotten trockne ich mir heute Nacht im Schlafsack, an Lagerfeuerromantik ist nicht zu denken, alles Brennbare ist dafür zu nass. Aber einen heißen Kaffee von meinem Esbitkocher gibt es dennoch.

04.10.2016 / 2. Tag | Neukirchen b. Hl. Blut – Bad Kötzting

Die Nacht war von wenig Schlaf geprägt. Es hat die ganze Nacht hindurch geregnet und ich habe gefroren, vor allem an meinen Füßen. Aus meiner zweiten Thermohose werde ich mir für die nächste Nacht einen Fußsack machen. Das Trocknen meiner feuchten Kleidung im Schlafsack hat den erwünschten Erfolg gebracht, die Sachen sind trocken. Kreativität ist gefordert, mit den vorhandenen Mitteln weiterzumachen, weiter zu kommen. Der heutige Tag hat es in sich, alle meine Wünsche (Gedanken) haben sich erfüllt (manifestiert). Der erste Wunsch, es möge so lange aufhören zu regnen, bis ich abmarschbereit bin, sprich mein Zelt abgebaut und eingepackt habe, ging prompt in Erfüllung. Der Aufstieg zum Gipfel des Hohen Bogens hatte es in sich, dazu Dauerregen und kalter Wind. Ich war trotz Regenponcho nass bis auf die Unterwäsche. Daher mein zweiter Wunsch (Gedanke), einen Unterstand zu finden, wo ich meine nasse Kleidung gegen trockene wechseln, mir einen heißen Kaffee kochen, meine nassen Sachen zum Trocknen aufhängen und meine völlig erschöpften Wasservorräte ergänzen kann. Eine gute halbe Stunde später geht auch dieser Wunsch in Erfüllung oben am Gipfel angekommen, entpuppt sich die Dienststation als Gasthaus und hat auch schon geöffnet. Im Gastraum brannte ein schönes Feuerchen im Ofen. Zuerst die Klamotten wechseln und zum Trocknen aufhängen, einen heißen Kaffee und eine ebenso heiße Schokolade. Meine Wasserflaschen wurden mir auch gleich wieder aufgefüllt, dazu gab es ein sehr nettes Gespräch mit der Wirtin. Gut gestärkt mit Kaffee und Schokolade, gut in meine volle Regenmontur gepackt, ging es dann bei Dauerregen, Nebel und Wind talwärts zur nächsten Station meiner Reise zu mir *selbst* weiter, nach Bad Kötzting, das heutige Etappenziel. Ein Ort, den ich mit sehr schönen Erinnerungen auch an eine wunderschöne Frau verbinde, der ich sehr viel zu verdanken habe; sie war für mich der »Auslöser«, dass ich mich auf die Reise, meine eigene Reise, begeben habe. An dieser Stelle danke ich dafür.

Der Weg nach unten ins Tal stellte sich bei diesem Regen als Bachlauf heraus. Nach gut einer Stunde war trotz meiner Regenkleidung alles wieder völlig durchnässt. Mein dritter Wunsch für heute: die Nacht in einem warmen Zimmer zu verbringen und die Möglichkeit, mein Zelt zu trocknen. Mit dem nassen Zelt war heute Nacht nicht daran zu denken, im Freien zu übernachten. In Bad Kötzting angekommen erst einmal nach einem Waschsalon Ausschau halten, aber laut Passanten gibt es einen solchen nicht vor Ort. Also zur Touristeninformation, dort wurde mir dann mein dritter Wunsch erfüllt. Die sehr hilfsbereite und nette Dame in der Info meinte, ich könne für ca. zwanzig Euro im Jugend- und Freizeitzentrum übernachten. Der Wirt dort war aber überhaupt nicht zu erreichen. Der zweite Ver-

such für etwa den gleichen Betrag in einer Privatunterkunft …? Auch hier niemand erreichbar. Dann die
erlösende Eingebung: eine weitere Privatunterkunft.
Nach einem kurzen Telefonat hat mich dann eine halbe
Stunde später meine Gastgeberin in Empfang genommen und mich herzlich willkommen geheißen.

Im Ort Weißenregen oberhalb von Bad Kötzting – dort
wollte ich auch ursprünglich die Nacht im Zelt verbringen. Kein Zufall, dass ich die Nacht dennoch an diesem
Ort verbringen würde. Ich hatte eine komplette Wohnung für mich, in der bei meiner Ankunft bereits ein
Feuer im Kaminofen brannte. Zum Abendessen gab es
eine hausgemachte Hühnersuppe, ein Weißbier, einen
selbst angesetzten Schnaps, Kaffee und ein Küchel. Die
Hildegard (so heißt meine sehr liebenswürdige Gastgeberin) erzählte mir, dass sie in der Früh den Gedanken
hatte zu kochen, weil sie Zeit dazu hatte. Als ob sie ge-
ahnt hätte, dass sie am Abend einen Gast haben würde:
mich. Kein Zufall, Intuition trifft eher zu.

Ich habe es mir nach dem Abendessen im Sessel bequem gemacht, draußen scheint jetzt sogar die Sonne.
Selbst der Regen kann meiner guten Stimmung nichts
anhaben, ich gewinne ihm ja nur Gutes ab. Regen
(Wasser) steht für mich symbolisch für Reinigung und
Transformation, Wasser verändert permanent das Angesicht der Erde. Sicher, zu viel Wasser hat auch den
gegenteiligen Effekt, Zerstörung und den Tod zur Folge. Wie man sieht, ist in allem immer beides enthalten,
das werde ich nie vergessen, ich bin mir dessen stets
bewusst.

Ja, ich kann sagen, dass ich glücklich bin mit mir *selbst*, sehr sogar. Auch der zweite Tag neigt sich dem Ende entgegen, morgen stehen dreißig Kilometer überwiegend durch Wald an, ich freue mich schon darauf und die Sonne soll sich auch zeigen, kein Regen. Ich genieße den Sonnenuntergang und den wunderschönen Ausblick. Sehr schön ist es hier und friedlich.

05.10.2016 / 3. Tag | Bad Kötzting – Stallwang

Zum Frühstück gibt es alles, was mein Herz begehrt. Die wunderbare Unterkunft samt Abendessen und Frühstück kostet mich zwar dreiundzwanzig Euro meines Gesamtbudgets, womit ich mein Budget von fünf Euro am Tag um fast das Fünffache überschritten habe, aber das ist schon richtig so, da bin ich mir sehr sicher. Mein Lunchpaket reicht mir ganz gewiss für die nächsten beiden Tage, so üppig ist es, und für die darauffolgenden beiden Tage habe ich zwei Gläser hausgemachte Gulaschsuppe dabei. Wie alles zusammenpasst, es läuft doch. Ich kann definitiv sagen, dass ich auf meinem Weg bin, und zwar dank meinem Schöpfer und meinen »zuhause« gebliebenen Geschwistern. Ich bin dankbar.

Da heute die Sonne scheint, ist am Abend ein Lagerfeuer angesagt; etwas Brennbares lässt sich dafür schon auftreiben. Ich bin doch etwas später bei Hildegard aufgebrochen, weil wir uns noch sehr angeregt unterhalten haben. Hildegard hat mir dann noch ein paar selbst gestrickte Wollsocken geschenkt, damit ich nachts nicht mehr an meinen Füßen friere. Unabhängig davon, dass ich für die Verpflegung und Übernachtung gezahlt habe, ist das für mich reine Selbstlosigkeit und Nächstenliebe.

Die Etappe heute hat mich an meine Grenzen gebracht, innerlich und auch äußerlich. Leichte Zweifel kamen zwischendurch in mir auf, ob ich mein Tagesziel erreiche. Mein Körper macht sich auch bemerkbar. Meine Schultern und meine Füße schmerzen sehr, vor allem zwischen den Schultern tut es weh, aber ich habe trotzdem mein Ziel erreicht, weil ich über meine Grenzen hinausgegangen bin. Um eben an alle meine Grenzen zu stoßen und diese zu überschreiten, grenzenlos in jeder Hinsicht zu SEIN. Es ist einer von vielen Gründen für diese Reise. Was die Schmerzen anbelangt, die dürfen da sein, sie haben ihre Daseinsberechtigung. Hierbei geht es für mich darum, diese körperlichen Schmerzen zu »ertragen«, letzten Endes geht es ja darum, sie in Liebe als einen Teil von mir anzunehmen und sie nicht zu verdrängen. Die empfundenen Schmerzen helfen mir darüber hinaus, auch wenn es paradox klingt, beim Bewusst-Sein-Werden, weil ich sie ja eben nicht verdränge, sondern mir ihrer bewusst bin. Sie lassen mich eins werden, eins sein mit meinem Körper und meinem Geist. Sie schweißen uns im wahrsten Sinne des Wortes zusammen und dies von Tag zu Tag mehr.

Es ist, wie es ist, gut so. Mein bisheriger Reiseverlauf fühlt sich immer mehr an wie ein Prozess des Neugeborenwerdens, denn geboren werden ist nun mal mit Schmerzen verbunden. Auch meine Zweifel weichen zunehmend, nachdem ich trotz dieser Strapazen mein

Ziel für heute erreicht habe.

Ich bin ja des Öfteren hier zum Wandern im Bayerischen Wald, aber erst jetzt fällt mir trotz aller Anstrengung und Schmerzen auf, wie wunderschön es hier ist, Achtsamkeit stellt sich ebenso immer mehr ein.

Das Lager für die Nacht steht auch schon, mein Feuer brennt und der Kaffee ist auch bereits fertig. Und noch etwas ganz Wichtiges für mich *selbst*: Ich bin sehr glücklich, hier zu sein. Es war heute in vielerlei Hinsicht ein sehr lehrreicher und selbsterkenntnisreicher Tag.

06.10.2016 / 4. Tag | Stallwang – Wörth a. d. Donau

Die Nacht war von wenig Schlaf gezeichnet, es hat mal wieder geregnet, wobei ich mich mittlerweile mit dem Regen angefreundet habe, ist halt so, dass es regnet. Obwohl ich sehr wenig schlafe, bin ich am Morgen und über den ganzen Tag hinweg regelrecht energiegeladen, nicht zu verwechseln mit Adrenalin. Ich kann sagen, dass ich in meiner Mitte, bei mir *selbst* bin. Frieden, Ruhe und Stille »herrschen« in mir.

Nachdem ich mein Lager abgeschlagen habe, geht es von Gallernberg nach Stallwang abwärts. Die erste Station: der Stubenhof. Dort bietet die Familie Heinz Pilgern und Wanderern an, ihre Wasservorräte zu ergänzen, und für eine Nacht eine kostenlose Übernachtungsmöglichkeit. Meine Wasserflaschen wurden mir gleich gefüllt und dann bin ich glatt noch zum Frühstück hereingebeten worden. Dazu sage ich nur: Nächstenliebe, Selbstlosigkeit und Hilfsbereitschaft.

Und das sollte mir heute am Ende dieses Tages noch einmal zuteilwerden. Aber dazu später mehr.

Nach meiner Stärkung bin ich dann auch relativ zügig zu meiner nächsten Etappe aufgebrochen. Michaela, so heißt meine hilfsbereite Gastgeberin, meinte noch, dass der Aufstieg zum Pilgramsberg es in sich hat. Gute zwei Stunden später konnte ich das, nachdem ich den Gipfel des Pilgramberges erreicht hatte, bestätigen.

Dort ergab sich für mich die Gelegenheit, mich in einer sehr sauberen Besuchertoilette frisch zu machen. Ein Monteur, der unterhalb der Toilette im Heizungsraum am Arbeiten war, bot mir an, mich dort ein wenig aufzuwärmen, was ich dankend annahm. Kaum wieder unterwegs, hat es wieder zu regnen angefangen. Mir kam der Gedanke, am Abend einen warmen Kaffee zu genießen, einen warmen Platz zum Schlafen zu haben und die Möglichkeit, meine wieder durchnässte Kleidung zu trocknen. Auch dieser Gedanke hat sich am Abend manifestiert.

Bis zum Schiederhof verlief mein heutiger Weg sehr gut. Ab dort wurde die Beschilderung etwas verwirrend. Ich habe mich dann tatsächlich im Wald verlaufen, ja genau das ist mir passiert, aber es »sollte« sich eine gute Stunde später als glückliche Fügung erweisen, durch die sich mein Gedanke an einen warmen Kaffee etc. realisierte. Ein Waldarbeiter wies mir den vermeintlich richtigen Weg, um auf meine ursprüngliche Route zurückzukehren, damit ich meinen Zielort Wörth an der Donau doch noch erreiche. Wie gesagt, den vermeintlich richtigen Weg. Dieser entpuppte sich als Rundwanderweg, als wahrer »Glücksfall«. An einer Weggabelung standen eine Bank und ein Auto. Erst einmal hinsetzen und in aller Ruhe eine Entscheidung treffen.

Zuerst einmal zurück zum Schiedehof. Es wurde bereits dunkel. Wörth an der Donau hinter mir lassen und stattdessen in einem »Gewaltmarsch« bis nach Regensburg marschieren? An Zelten war nicht mehr zu denken. Es war schwierig, im Finstern einen geeigneten Platz finden. Außerdem war mein Zelt von der vorherigen Nacht noch sehr nass. In dem Augenblick, als ich loswollte, kamen die Besitzer des Autos, Heinz und Hilde, zurück zu ihrem Wagen. Sie waren beim Pilzesammeln gewesen. Auf Heinz Frage hin, was ich denn noch um diese Zeit im Wald täte, schilderte ich ihnen kurz meine »schwierige Lage«, meine Entscheidung, zu Fuß nach Regensburg zu marschieren. Da sagte der Heinz zu mir, bis nach Regensburg seien es noch einmal mindestens 35 Kilometer, also gute sechs Stunden zu Fuß, und so viel hatte ich bereits für heute hinter mir. Er schlug mir dann vor, meine Etappe dort zu beenden und mit zu ihnen nach Hause zu fahren und dort auch die Nacht zu verbringen.

Dort bei der Familie Keller angekommen, wurde mir gleich mein Schlafplatz gezeigt. Es gab dann auch gleich heißen Kaffee, Heinz hat mir gezeigt, wo ich meine Schuhe zum Trocknen hinstellen und mir später ein Bad gönnen könne. Zum Abendessen gab es die drei Schirmpilze als paniertes Schnitzel, Spiegelei mit Speck und noch andere Leckereien. Exakt drei Pilze, wie bereits bei Hildegard in Bad Kötzting, als ob ich auch den Kellers »angekündigt« worden wäre. Ein Zufall, dass sie um diese Zeit auch noch im Wald unterwegs waren? Und das auch noch am selben Ort wie ich, wo ich von den beiden aufgegabelt worden bin? Kein Zufall. Während des Abendessens haben wir uns sehr angeregt unterhalten und zu meiner Verwunderung erfuhr ich, dass Heinz und Hilde sehr offen für Spiritualität sind. Beide haben auch immer wieder nachgefragt und einiges auch hinterfragt. Das fand ich echt klasse. Auch ich habe aus diesem Gespräch für mich *selbst* gelernt. Danach stieg ich erst mal in die Badewanne und danach ging die Unterhaltung weiter.

07.10.2016 / 5. Tag | Pondorf – Regensburg

Um halb sieben war die Nacht vorbei, da gab es schon Frühstück: Omelette mit Steinpilzen, Honig aus der eigenen Imkerei, hausgemachte Marmelade usw. Hilde meinte in Bezug auf Heinz und mich: »Da sind die beiden Richtigen zusammengekommen« – Gleiches zieht immer Gleiches an. Gegen neun bin ich dann aufgebrochen, nachdem ich mich noch vielmals bedankt habe für die selbstlose Hilfsbereitschaft und die Gastfreundschaft, die ich genießen durfte. Ich sagte noch zu Hilde, dass ich mich wie ein Familienmitglied gefühlt hätte, daraufhin erwiderte sie: »Wir sind doch alle miteinander verbunden« – wahre und weise Worte. Von Pondorf ging es dann bis zu meinem eigentlichen Ziel des Vortages nach Wörth an der Donau. Dort habe ich meine »vorgegebene« Strecke wieder aufgenommen bis zu mir nach Hause, alles in allem 42 km an diesem Tag.

Unterwegs habe ich dann eine für mich *selbst* sehr wichtige Entscheidung getroffen: ab Samstag ohne Zelt meine Reise zu mir *selbst* fortzusetzen. Das Zelt abzulegen bedeutet für mich auch letzte Zweifel hinter mir zu lassen, mich endgültig von ihnen zu befreien. Mich vollkommen im Vertrauen und im Glauben in und an mich *selbst* und meinen Schöpfer auf das große Ganze einzulassen. Damit beginnt die Zeit der Prüfung durch mich selbst. Wenn wir geprüft werden, dann sind es immer wir *selbst*, die wir uns prüfen, niemand sonst.

Unser Schöpfer begleitet uns dabei, er ist immer an unserer Seite. Es ist bereits dunkel bei meiner Ankunft hier in Regensburg und somit bei mir zuhause. Die 42 Kilometer haben mich wieder dazu gebracht, über meine Grenzen hinauszugehen. Die letzten Kilometer waren sehr schmerzhaft, meine Schultern und meine Füße tun mir weh. Immer wieder und in immer kürzeren Abständen musste ich den Rucksack ablegen und meinem Körper kurze Pausen gönnen.

Zuhause angekommen gleich raus aus den Schuhen und den Klamotten, ab in die Wanne und ein heißes Bad genießen. Mein ganzer Körper zittert vor Schmerz, ich kann kaum gehen, aber dennoch bin ich sehr glücklich. Heute und bereits am Dienstag habe ich gelernt, was es wirklich heißt, körperliche Schmerzen zu empfinden, ich habe aber auch gleichzeitig gelernt, diese zu ertragen, sie damit anzunehmen und nicht zu verdrängen. Es ist sehr wichtig, nichts mehr zu verdrängen. Deshalb weise ich immer wieder darauf hin. Denn es wäre ein

Schritt zurück zu den alten Mustern und zum Ego.

Ich habe mich entschieden, heute nicht mehr weiter
zu gehen, erst morgen, am Sonntag, und stattdessen
meinem Körper, mit dem ich immer mehr eins werde,
einen ganzen Tag Ruhe und Erholung zu gönnen. Natürlich könnte ich heute weitergehen, aber muss ich
irgendjemandem etwas beweisen? Nein, mir *selbst* am
wenigsten. Mein Körper hat mir aber zu verstehen gegeben, ihm diese Zeit der Erholung zu geben, ich höre
zu, wenn mit mir gesprochen wird, eben auch, wenn
dies mein Körper tut.

Einen Teil des heutigen Tages verbrachte ich damit,
meine Wäsche zu waschen, meinen Rucksack umzu-
packen, meine Wanderstiefel völlig zu trocknen (im
Backofen), um sie dann noch einmal mit Lederfett zu
imprägnieren. Ich habe mich immer wieder zwischendurch ausgeruht. Gestern war ich sehr viel auf Asphalt
unterwegs und dass lässt die Füße schneller ermüden
als im Gelände z. B. auf Waldboden. Heute ist genau
das geschehen, worauf ich schon gewartet habe, ich
habe hemmungslos geweint, aber vor Freude, weil es
mir so gut geht. Ich empfinde immer mehr das Gefühl
von Sicherheit und Geborgenheit, und das trotz der
körperlichen Schmerzen. Innere Ruhe, Frieden, Stille,
Wärme breiten sich regelrecht in mir aus. Dadurch trete ich *selbst* mehr und mehr hervor, ein unbeschreiblich schönes Gefühl, sich seines wahren *Selbst* immer
bewusster zu werden, Bewusst-Sein zu sein. Wieder

endet ein Tag auf meiner eigenen Reise zu mir *selbst*, heute fand dieser Teil der Reise im Inneren statt. Den Tag lasse ich mit einer Tasse Tee ausklingen.

09.10.2016 / 7. Tag | Regensburg – Kelheim

Heute bin ich zeitig los, bei frischen Temperaturen und Sonnenschein. Die ersten Kilometer führten mich durch die Stadt bis zur Donau und dann entlang bis nach Sinzing. Von dort aus wieder im Wechsel durch den Wald, über Wiesen und Felder und durch kleinere Ortschaften. Der Untergrund sehr schonend für meine Füße, die Anstiege moderat. Am Nachmittag hat dann Regen eingesetzt, aber nicht zu vergleichen mit den Regenmengen der vorangegangenen Tage im Bayerischen Wald. Der Regen ist mein Begleiter und guter Freund, so empfinde ich ihn.

Bin ich, seit ich am Montag in Furth im Wald aufgebrochen bin, meinem Schöpfer begegnet? Mein Schöpfer und Vater ist seit meiner Ankunft (Geburt) jeden Augenblick bei mir, dessen bin ich mir schon sehr lange bewusst. Ich bin eins mit meinem Schöpfer und er ist eins mit mir. Darum geht es aber auch nicht auf meiner Reise zu mir *selbst*, viel mehr darum, die schon sehr klare und intensive Verbindung mit meinem Schöpfer noch klarer und intensiver zu machen. Gegen das Wort *Gott* habe ich eine sehr starke Abneigung, aus dem Grund heraus, dass sehr viel Unrecht getan, Schindluder getrieben, ganze Volksgruppen vertrieben und ausgerottet worden sind im Namen Gottes. Zu den beiden wunderschönen Erdenengeln, die ich meine Eltern nennen durfte, denen ich diesen wunderschönen Körper zu verdanken habe, mit dem ich eins bin, der mich beinhaltet, habe ich *Vater/Papa* und *Mutter/Mama* gesagt und sie nicht mit *Gott* und *Göttin* angesprochen. Ich habe meine Eltern auch nicht angebetet, sondern sie geliebt und geachtet.

Mein Tagesziel heute ist Kelheim. Im Frauenhäusl, einem kleinen Gasthaus mitten im Wald, bin ich zum Kaffee und zum Trocknen meiner regennassen Kleidung eingekehrt. Etwas ist mir heute an meinen Fingernägeln aufgefallen: sie wachsen nicht. Offensichtlich verwendet mein Körper alle Energie darauf, dass ich meine Reise fortsetzen kann – bemerkenswert. Achtsamkeit und Bewusst-Sein werden finden auch im Erkennen und Bemerken solch unscheinbarer Dinge statt. BEWUSST-SEIN, setzt sich aus sehr vielen Dingen und Aspekten zusammen. Aus vielem Kleinen wird ein großes Ganzes oder vieles ist eins, eins ist vieles (die Blume des Lebens symbolisiert dies sehr schön).

Ich *selbst* trete durch Erkennen (Bewusst-Werden) dieser noch so kleinen Dingen (meine Nägel) immer mehr als *Bewusst-SEIN* hervor. Somit bin ich meinem »großen Ziel«, vollkommen zu mir *selbst* als Bewusst-Sein zu transformieren, ein gutes Stück näher. Noch etwas fällt mir auf: Mein Gehör hat sich weiter verbessert (wie gesagt, ich habe bis vor 14 Monaten noch Hörgeräte getragen).

Und jetzt kommt das »Highlight« für heute, ich kann über die Nacht hier im Frauenhäusl bleiben, im Warmen und Trockenen. Unumstößlicher Glaube und bedingungsloses Vertrauen, ich lasse mich auf meinen Schöpfer und das große Ganze ein. Zur Erinnerung, ich habe am Freitag entschieden, ohne Zelt meine Reise fortzusetzen, mit dem Glauben, dem Vertrauen und dem Wissen, dass ich ab heute bzw. wie ursprünglich geplant ab Samstag jede Nacht im Warmen und Trockenem schlafe (mit nur fünf Euro am Tag). Die Zeit meiner Prüfung (ich prüfe mich ja *selbst*) hat mit dem heutigen Tag begonnen. Ich durchschreite diese Prüfung mit Liebe, mit Demut und tiefer Dankbarkeit, weil ich weiß, dass mein Schöpfer an meiner Seite ist und schützend seine Hände über mich hält. Vor gut einem Jahr sagte eine Frau zu mir, die mir sehr nahe stand, dass ich von der Numerologie her eine Acht bin, und dass, wenn wir Achter uns prüfen, wir uns keine kleinen Steine in den Weg legen, sondern Felsbrocken, und mit jedem dieser Felsbrocken, den wir uns aus dem Weg räumen, wachsen wir, werden wir unseres wahren Selbst immer bewusster. Mit jedem dieser Felsbrocken, den ich mir aus dem Weg räume, mache ich zugleich den Weg für andere frei, damit sie mir auf dem Weg zum Bewusst-Sein-Werden folgen können. Wie sehr sie damit recht hat.

Das ca. drei Kilometer entfernte Kelheim erreiche ich zwar heute nicht mehr, aber es ist gut so, wie es ist. Ich bin immer zur »richtigen Zeit« am »richtigen Ort« und nur das zählt. Wieder neigt sich ein sehr SELBSTerkenntnisreicher Tag dem Ende entgegen und auch eine weitere Etappe auf meiner Reise zu mir *selbst*. Sehr glücklich bin ich.

Am Morgen gab es erst einmal Kaffee vom Esbitkocher, danach Rucksack packen und anschließend Morgentoilette. Durch den Wald ging es dann ins Zentrum von Kelheim, um mir dort von meinen »bescheidenen Mitteln« ein Frühstück zu gönnen und Proviant für diesen Tag zu kaufen. Meine heutige Strecke führte mich bei Sonnenschein die ersten Kilometer entlang der Donau, bevor es dann bergauf wieder durch den Wald ging, bis zum Limes. An dem bin ich einige Kilometer entlanggewandert. Die heutige Etappe war somit die schönste von den Strecken, die ich seit meinem Aufbruch vor genau einer Woche bereits hinter mich gebracht habe. Wir können uns alle glücklich schätzen, dass wir hier auf diesem wundervollen Planeten sein dürfen, um in der menschlichen Form unsere Erfahrungen zu sammeln. Aber auch hier bei uns wird Mutter Erde sehr viel Schaden zugefügt. Ich habe mich mit einem Landwirt unterhalten, der mir erklärte, dass er schon seit Tagen damit beschäftigt sei, eine Schneise in den Wald freizuschneiden, um Platz für eine Gaspipeline zu schaffen. Vielerorts sind der Waldboden und die Wege von den schweren Maschinen regelrecht umgepflügt, so tief, dass ich bis zu meinen Knien darin verschwinde.

Zu meiner Zeit als Kind, wenn wir mit den Rädern in den Wald gefahren sind und der Förster uns dabei »erwischt« hat, haben wir uns etwas anhören dürfen. Heute ist das egal, wenn aus Gründen des Kommerzes und des Profites im Wald alles im wahrsten Sinne des Wortes platt gemacht wird. Sicher wird auch wieder aufgeforstet, aber das kann den angerichteten Schaden bei Weitem nicht wieder wettmachen. Für mich stellt sich die Frage, wie lange Mutter Erde, auf der wir nur zu Gast sind, sich das noch von uns gefallen lässt. Wann sie in uns nicht mehr einen Teil von sich selbst sieht, sondern damit beginnt, in uns »Schädlinge« zu sehen. Und Schädlinge werden in der Regel mit allen zur Verfügung stehenden Mitteln bekämpft. In dieser Hinsicht sitzt Mutter Natur definitiv am längeren Hebel als wir. Wir sind es, die die Erde brauchen, aber sie braucht uns nicht.

Mutter Erde würde auch nur eines ihrer Elemente benötigen, um sich von uns zu reinigen: Wasser. Dieses steht ihr mehr wie genügend in verschiedensten Formen zur Verfügung, es bietet sich dazu an, sich buchstäblich rein zu waschen. Ein weiterer Grund dafür, warum der Großteil des Planeten mit Wasser bedeckt ist und somit kein kosmischer »Zufall« ist. Es scheint schon alles dafür vorbereitet zu sein. So wie das Element Wasser alles Leben ermöglicht, so kann es das Leben auch wieder hinfortnehmen.

Ansonsten verlief mein Tag sehr ruhig. Mein Tagesziel Altmannstein habe ich am späten Nachmittag erreicht und mein Quartier für diese Nacht ist eine Scheune. Auch dies habe ich mir gewünscht: mal eine Nacht im Heu oder Stroh zu schlafen. Sehr schön und ein weiterer Tag endet für mich. Ich bin glücklich.

Trotz Stroh habe ich letzte Nacht gefroren (brrrrr), dementsprechend wenig geschlafen, und trotzdem: Wie alle Tage zuvor bin ich energiegeladen. Nach dem Frühstück in Altmannstein und Verpflegungfassen ging's auf zu meiner Etappe für heute nach Stammheim. Das Wetter heute ein Mix aus Sonne, Wolken, leichtem Regen und teilweise kaltem Wind. Unterwegs hatte ich wieder das ein oder andere sehr interessante und informative Gespräch. Interessant dabei, wie viele von den Menschen, denen ich seit Beginn meiner Reise begegnet bin, sich selbst schon auf ihrer eigenen Reise zu sich *selbst* befinden, aber sich dessen noch nicht bewusst sind.

Der Streckenverlauf führte heute überwiegend durch den Wald. Ich liebe diese Stille dort im Wald, denn wenn man ihr zuzuhören weiß, hat sie dir viel zu erzählen, und ich habe in jeder Hinsicht gelernt zuzuhören. Mein Vertrauen und mein Glauben sind auch heute belohnt worden. Diese Nacht schlafe ich wieder im Warmen, mit Abendessen und der Möglichkeit, mich zu duschen, hier in Stammheim bei der sehr netten und freundlichen Familie Brand, die mir ihre Gastfreundschaft zuteilwerden lässt. Ich kann mit Sicherheit sagen, dass ich mit mir, meinem Schöpfer und meiner Außenwelt im Reinen bin, und das fühlt sich sehr gut an. Glücklich, das bin ich natürlich auch, schließlich habe ich allen Grund dazu und das bin ich schon seit Längerem, bevor ich mich auf diese Reise begeben habe. Die Hilfsbereitschaft ist grandios, vor allem weil diese mir

völlig selbstlos von meinen Mitmenschen entgegenge-
bracht wird. Am Nachmittag gab es erst einmal Kaffee
und selbstgemachten Kuchen, dazu ein sehr angeregtes
Gespräch. Danach wurde mir mein Lager für die Nacht
gezeigt, eine sehr bequeme Couch und ein Badezim-
mer für mich allein. Die warme Dusche und auch die
frischen Klamotten taten einfach nur gut, vor allem
nach der letzten, doch etwas frischen Nacht im Stroh.
Danach gab es Abendessen.

Was mir bei meinen bisherigen Unterhaltungen und
Gesprächen immer wieder auffällt, auch heute Karl,
meinem Gastgeber: dass sehr viele ein Problem mit
der Institution Katholische Kirche haben. Was dabei
besonders meine Aufmerksamkeit weckt, ist, dass es
vor allem die Älteren sind, die dieses Problem haben,
noch dazu hier im erzkatholischen Bayern. Ich weiß
mittlerweile, warum es so viele sind, und es werden
ja immer mehr, die genauso empfinden. Dabei sind
die unterschiedlichen Gründe für ihre Abneigung nur
vordergründig (z. B. Missbrauch, Geldverschwendung
usw.). In Wahrheit fühlen sie diese Distanzierung und
Ablehnung gegenüber dieser Institution auf einer ganz
anderen Ebene, auf Seelenebene. Sie sind sich dessen
»nur« noch nicht bewusst. Als Seele wissen und fühlen sie, dass mit der Kirchenführung im Vatikan etwas nicht, ich nenne es mal so, ganz koscher ist. Ein
kleiner Hinweis meinerseits: Ich spreche hier von der
Führungsmannschaft in Rom, nicht von der weltwei-
ten Glaubensgemeinschaft, die wird ja ganz gezielt getäuscht vom Vatikan.

Jetzt geht es ab in die Falle und mein Schlusswort für heute: Ich fühle mich wieder glücklich.

12.10.2016 / 10. Tag | Stammheim – Eichstätt

Nachdem ich heute Morgen gut erholt aufgewacht und aufgestanden bin, war mein erster Gedanke, dass ich auch die nächste Nacht in einem bequemen Bett schlafe. Dieser Gedanke hat sich keine drei Stunden später manifestiert, dazu später mehr, nur so viel: Eine Einrichtung der katholischen Kirche sollte mein Gastgeber sein. Erst einmal gab es ein ausgiebiges Frühstück gemeinsam mit der Familie Brand, der ich wie all den anderen, dir mir bisher auf meiner Reise Obdach und ihre Gastfreundschaft haben zuteilwerden lassen, sehr dankbar bin.

Nach dem Frühstück und der Verabschiedung bin ich bei Sonnenschein, blauem Himmel und stellenweise Bodennebel Richtung Eichstätt los, meinem Tagesziel für heute. Meine erste Ortschaft auf meinem Weg, wo ich mich um Proviant kümmern wollte, war Böhmfeld. Kurz vor dem Erreichen des Ortes lernte ich Erika kennen, die mit dem Hund ihrer Nichte unterwegs war. Auf meine Frage, ob es in Eichstätt eine Möglichkeit gibt, zu übernachten, und dies mit meinem Fünf-Euro-Tagesbudget, machte sie mir den Vorschlag, zum Pfarrer von Böhmfeld zu gehen, der könne mir bestimmt weiterhelfen. Mit ihrer Empfehlung machte ich mich auf den Weg zum Pfarrhaus der Gemeinde. Dort angekommen wurde mir die Tür vom Pfarrer geöffnet, der mich auch gleich ganz herzlich hereinbat. Auf meine Frage, ob es in Eichstätt die Möglichkeit gebe, mit meinem geringen Budget irgendwo für die Nacht unterzukommen, wies er mich auf das dortige Kloster hin. Meiner Bitte, für mich im Kloster telefonisch Auskunft einzuholen, ob mir dort Obdach gewährt würde, kam er sehr gern nach. Er hat mich gleich dort mit Namen und meiner ungefähren Ankunft angemeldet. Es war eine Abtei der Benediktinerinnen.

In der Abtei St. Walburga bin ich dann am frühen Nachmittag eingetroffen und sehr freundlich von Schwester Lucila in Empfang genommen worden. Ich wies sie gleich noch einmal explizit daraufhin, dass ich mit geringen Mitteln unterwegs sei. Sie erwiderte mir darauf: »Geben Sie uns, was Sie uns geben können.« Normalerweise kostet eine Übernachtung dort zweiundvierzig Euro.

Manchen von euch mag jetzt doch vielleicht mein Verhalten sehr widersprüchlich vorkommen, dass ich die Gastfreundschaft der katholischen Kirche in Anspruch nehme, wo ich doch so über diese sehr fragwürdige Institution wettere. Im Gegenteil, ich erkenne und nutze nur die mir gegebenen Mittel (Werkzeuge), die mir letztendlich dabei helfen, mein Ziel zu erreichen. Und um dies zu erkennen, bedarf es des Bewusst-Seins. Ich würde sogar eine Nacht mit dem »Teufel« persönlich in einem Zimmer verbringen, wenn es mir dabei dienlich wäre, mein Ziel zu erreichen, selbst das wäre so in Ordnung, denn es wäre mir bestimmt. Nicht der Weg ist das Ziel, sondern nach wie vor ist und bleibt das Ziel das Ziel. Was den »Teufel« anbelangt, vor dem fürchte ich mich nicht im Geringsten, weil nur die Angst ihn nährt, ihn erst dadurch so mächtig werden lässt. Weil auch er ein Teil von mir ist, von jedem Einzelnen von uns und das in Form des Diabolischen Bewusstseins. Wir alle setzen uns aus dem Christus-Bewusstsein (der lichtvolle Teil von uns) und dem Diabolischen Bewusstsein (der dunkle Teil-Aspekt) zusammen, nur durch beide Teile sind wir komplett, ganz und eins – auch wenn viele das jetzt nicht glauben und hören wollen.

Die Betten hier sind ein Traum, richtige Federkissen, und auch die Zudecke ist ein Federbett, selbst ein Wasserbett kommt nicht an die Matratzen heran, was den Liegekomfort betrifft. Jetzt verzupfe ich mich auch in diesen Traum von Bett.

13.10.2016 / 11. Tag | Eichstätt – Rennertshofen

Mein erster Gedanke nach dem Aufwachen ist, auch die nächste Nacht wie schon seit letztem Sonntag all meine Nächte, die Gastfreundschaft und Hilfsbreitschaft meiner Mitmenschen genießen zu dürfen. So hat es sich dann auch am Nachmittag in Mauern, einem Ort ca. drei Kilometer vor Rennertshofen, manifestiert. Heute bin ich zu Gast bei Michael und Michaela. Meine warme Mahlzeit am Abend ist ein sehr feiner Pichelsteiner Eintopf, ganz was Feines. Ein schönes weiches Bett und mein »eigenes« Bad, was will man mehr. Der Michael und die Michaela sind zwei aufgeschlossene, sehr freundliche Mitmenschen.

Im Kloster heute Morgen ist mir etwas widerfahren, das mir schon sehr zu denken gibt und mich zugleich darin bestätigt, dass meine Entscheidung, der Institution Katholische Kirche den Rücken zu kehren (auszutreten), absolut richtig war (mal davon abgesehen, dass alle meine Entscheidungen, die ich bisher getroffen habe, richtig sind).

Eichstätt habe ich heute Morgen nach dem ausgiebigen Frühstück in der Abtei bei strahlendem Sonnenschein verlassen, der auch über den ganzen Tag angehalten hat. Die Landschaft hier ist wunderschön. Ich hatte heute immer wieder mal einen Ratsch mit Spaziergängern, deren Wege sich mit dem meinen kreuzten. Wieder ging es im Verlauf der Gespräche, ohne dass ich dieses Thema anschnitt, um die katholische Kirche. Dies ist schon sehr auffällig; wie ich bereits sagte, ich weiß ja, warum das in Wirklichkeit so ist, woher diese Distanzierung rührt. Da kamen dann solche Äußerungen: »Mit dem Mafiastaat in Rom, dem Vatikan, möchte ich nichts zu tun haben, diese Kinderschänder« usw.

Von manchen meiner Gastgeber bin ich in unseren Gesprächen gefragt worden, ob ich keine Angst hätte, z. B. so allein im Wald zu übernachten. Nein, ich empfinde in keinster Weise mehr Angst. Angst ist letztendlich nur ein Gefühl und für meine Gefühle bin ich *selbst* verantwortlich, ich kreiere sie. Wenn ich Angst schon vor meiner Reise verspürt hätte, dann wäre ich nie aufgebrochen, und das schon vor eineinhalb Jahren. Das Gefühl Angst lässt Zweifel aufkommen, Angst hält davon ab, Entscheidungen zu treffen, Angst hemmt und beklemmt. Wie viele Menschen, die als Ersthelfer an einer Unfallstelle waren, haben aus Angst, dass sie etwas falsch oder schlimmer machen, nicht geholfen! Nicht die Angst macht vorsichtig, achtsam und umsichtig, sondern die Erfahrung. Ich habe mich in jeder Form von Angst befreit, es ist und bleibt ein Gefühl, nicht mehr und nicht weniger. Als Bewusst-Sein weiß ich, dass es absolut keinen Grund gibt, mich vor irgendetwas oder irgendjemandem zu fürchten. Mir als strahlendem göttlichen Wesen kann nichts geschehen. All die Dinge und Geschehnisse, die mir auf menschlicher Ebene widerfahren, sind ja »nur« Erfahrungen und um ihretwillen bin ich unter anderem schließlich hier, also höre ich auf, das Gefühl der Angst zu kreieren.

14.10.2016 / 12. Tag | Mauern – Rennertshofen – Donauwörth

Nachdem ich mich von Michael und Michaela mit einem herzlichen Dank für ihre Hilfsbereitschaft verabschiedet hatte, führte mich mein Weg erst nach Rennertshofen, wo ich mir einen Kaffee genehmigte und mir etwas zum Essen für unterwegs kaufte. Im dortigen Minimarkt ist mir gleich etwas sehr Schönes widerfahren: Die beiden Käsesemmeln, die ich mir dort frisch belegen ließ, wurden mir an der Kasse vom Besitzer des Marktes geschenkt. Den Kaffee gab es nebenan in der Bäckerei und dazu ein Gebäckstück als Frühstück. Frisch gestärkt machte ich mich auf meine letzte Etappe nach Donauwörth.

Die Strecke führte über offene Wiesen, Felder, teilweise oberhalb an der Donau entlang und der Großteil wieder durch den Wald. Landschaftlich ist es wunderschön dort in Schwaben. Völlig im Frieden und im Einklang mit mir *selbst*, mit meinem Schöpfer und meiner Außenwelt verlief dieses letzte Stück meines Weges und meiner Reise. Ich war sehr glücklich darüber, dass ich Donauwörth erreicht hatte. Vom Bahnhof aus ging es mit der Bahn zurück nach Regensburg.

Meinem Körper lasse ich jetzt ausreichend Zeit, sich zu regenerieren, das hat er sich wirklich verdient. Danke, dass du mich schon so lange beherbergst und mich trägst, es mir weiterhin ermöglichst, meine eigene Reise zu mir *selbst* fortzuführen, auch dass ich meine Bestimmung als Lichtarbeiter fortführen kann. Es fühlt sich sehr schön an, eins zu sein mit dir, und dies noch mehr als zuvor, jetzt nach dieser Etappe auf unserer gemeinsamen, sehr bewusst geführten Reise, und selbstverständlich auch eins zu sein mit meinem Geist.

17. Nachwort – Resümee

Ich habe mein Ziel erreicht, in jeder Hinsicht, im Inneren wie im Äußeren, und zwar mit sehr geringen finanziellen Mitteln. Diese Etappe, dieses Zwischenziel, eines von vielen auf meiner eigenen Reise zu mir selbst, habe ich in Wirklichkeit durch unumstößlichen Glauben, mit bedingungslosem Vertrauen in mich selbst, somit auch in meinen Schöpfer und das große Ganze und mit Geduld und Beharrlichkeit erreichen können. Weil ich, und das war sehr wichtig, für diese Reise bereit war – es war der »richtige Zeitpunkt« dafür. Dadurch war ich auch in der Lage, all meine Gedanken so schnell zu manifestieren, all die Dinge in mein Leben zu ziehen, die ich benötigte, um mein Ziel zu erreichen, wie z. B. die gesamte Ausrüstung, die Übernachtungs- und Verpflegungsmöglichkeiten usw. Sie waren und sind mir schlichtweg dazu bestimmt, alles ist Bestimmung. Wir werden die benötigten Dinge und Begegnungen mit Menschen nur dann in unser Leben ziehen können, wenn wir uns unseres Zieles und unserer Bestimmung bewusst sind.

Es ist ein weit verbreitetes Märchen vom »Gesetz der

Anziehung«, dass wir alles, was wir uns wünschen und was wir visualisieren, in unser Leben ziehen können. Leider wird dieser Glaube daran mittlerweile von vielen, die sich selbst sehr spirituell und bewusst geben, dazu missbraucht, sehr viel Geld zu verdienen. Wie zum Beispiel im Buch/Film »The Secret«.[*] Dort wird permanent davon gesprochen, dass wir alles manifestieren können, unter anderem unseren Seelenpartner herbeiholen können. Wenn der aber nicht inkarniert ist, was dann? Hier werden schlichtweg die Hoffnungen und die Unwissenheit der Menschen zu Geld gemacht, nicht weil das »Gesetz der Anziehung« wirkt.

Zum Thema Seelenpartner kurz angemerkt: Wenn dieser auch in diesem Inkarnationszyklus hier ist, dann werden beide zusammengeführt, wenn der »richtige Zeitpunkt« (beide bereit füreinander sind) dafür gekommen ist, und dies ganz ohne das »Gesetz der Anziehung /Resonanz«. Womit wir wieder bei der Bestimmung sind. Warum auch meine Energie und Seelenzeit darauf verwenden, Dinge zu visualisieren und zu manifestieren, die ich gar nicht benötige?

Permanent fließt ein Strom von 50.000 bis 70.000 Gedanken durch das Internet (in den Sozialen Medien, bei YouTube u. a.), und eines Großteils dieser Gedanken sind wir uns unbewusst. Allein die Differenz von immerhin 20.000 lässt mich aufhorchen, aber noch mehr, dass die meisten unserer Gedanken unbewusst sind. Wie zählt oder misst man dann etwas, dessen wir uns nicht bewusst sind? Selbst wenn es eine Möglich-

---

[*] Rhonda Byrne: *The Secret* – ›Das Geheimnis‹

keit gibt, Gedanken zu zählen, in dem Augenblick, wo dieses Messen und Zählen beginnt, konzentriere ich mich doch automatisch darauf und meine Gedanken fließen nur so. Sie sind dann ja nicht mehr unbewusst – werden bei dieser Messung dann nicht letztlich doch die *bewussten* Gedanken gezählt? Wie wird hier unterschieden zwischen bewusst und unbewusst? Ist all das, was ich gerade hierzu geschrieben habe, ein einziger Gedanke oder ist jedes einzelne Wort ein Gedanke für sich? Wer legt dies nun fest?

Ob wir wirklich alles in unser Leben ziehen aufgrund unserer Gedanken? Da hege ich so meine Zweifel, wie wäre es stattdessen mit Bestimmung? Ich spreche ja aus eigenen Erfahrungen, ich kann mit absoluter Bestimmtheit sagen, dass ich damals als Sechsjähriger ganz gewiss nicht mit meinen Gedanken ein entsprechendes Resonanzfeld erzeugt habe, auf das mein Bruder in Resonanz gegangen ist, um an mir dann diesen sexuellen Missbrauch zu vollziehen, und mir all die anderen Erlebnisse und Erfahrungen herbeigesehnt oder gewünscht hätte. Als Kind macht man sich über völlig andere Dinge Gedanken (»Bringt mir das Christkind das erwünschte Geschenk?«), ganz gewiss nicht über einen sexuellen Missbrauch, und dies gilt auch für all die Frauen, die die Erfahrung einer Vergewaltigung gemacht haben. Auch hier bin ich mir sehr sicher, dass sich keine von ihnen, sich schon gedanklich im Vorfeld damit auseinandergesetzt hat und ein entsprechendes Resonanzfeld geschaffen hat.

Mir wird alles auf meiner Reise zu mir *selbst* gegeben,

was ich benötige, um am Ziel anzukommen und um meine Bestimmung zu erfüllen. Dabei bin ich permanent behütet und beschützt, und dies in jeder Hinsicht. Auch ist zu erkennen, dass das Ziel immer noch das Ziel (und nicht der Weg zum Ziel) ist und auch bleibt. Die Route war schon vor Beginn von mir *selbst* festgelegt und dieser bin ich gefolgt; wichtig war es, das vorgegebene Ziel tatsächlich zu erreichen.

Wie ich durch meine Reise gezeigt habe, habe ich alle meine Ziele erreicht, unabhängig von den finanziellen Mitteln, und dabei war ich auch noch sehr glücklich. Das war mir das Wichtigste überhaupt. Für kein Geld der Welt kannst du es kaufen, glücklich zu sein, im Frieden zu sein mit dir *selbst* und deiner Außenwelt. Ich kann mit absoluter Sicherheit sagen, dass ich das nach dieser meiner Reise noch mehr bin als je zuvor. Ich bin in meiner Mitte und das war auch nicht immer so. Bevor ich damit begonnen habe, mich auf meine Reise zu mir *selbst* zu begeben und dies bewusst zu tun, war ich zwar kein Choleriker, bin aber sehr schnell laut geworden, habe mich schnell aus der Ruhe bringen lassen und alles gleich sehr persönlich genommen. Heute ist davon nichts mehr vorhanden, selbst wenn ich mit Menschen zusammenkomme, die sich cholerisch verhalten. Eine kleine Zwischenprüfung für mich, ob ich dazu noch in Resonanz gehe. Meine innere Ruhe, Zentriertheit und Gelassenheit übertragen sich stattdessen relativ schnell auf mein Gegenüber. Ich empfinde weder Feindseligkeiten, Wut, Hass und Eifersucht auf irgendjemanden oder irgendetwas, noch habe ich Gefühle von Angst, Sorgen, Zweifel und Schmerzen. *Veränderung* und *Transformation* sage ich an dieser Stelle, *Bewusst-Sein*. Aufkommende negative Gefühle nehme ich als das an, was sie sind, als einen Teil von mir, und ich nehme sie in Liebe an.

Was ich sehr genossen habe in den zwölf Tagen meines »Unterwegsseins«, war die absolute Zeitlosigkeit und für niemanden erreichbar zu sein. Ich hatte zwar mein Handy dabei, um Fotos zu machen, aber noch nicht einmal dafür habe ich es hergenommen.

Was meine Prüfungen anbelangt (wir prüfen uns immer *selbst*) während meiner Reise, die habe ich allesamt mit Bravur bestanden. Auch all die Botschaften, die mir während dieser Zeit mitgeteilt wurden, habe ich verstanden. Meine Verbindung zu meinem Schöpfer ist noch klarer und intensiver geworden, ich habe gelernt, noch besser zuzuhören, wenn er mit mir spricht. Wir beide sprechen permanent miteinander. An dieser Stelle möchte ich dir, meinem Schöpfer und Vater, auch auf diese Art und Weise Danke sagen für mein SEIN, einfach für alles. DANKE.

Dies war mit Sicherheit nicht die letzte Reise dieser Art. Wann ich die nächste unternehmen werde, weiß ich noch nicht. Was ich jedoch weiß, ist, dass ich sie zum *richtigen Zeitpunkt* antreten werde und dass dieser Zeitpunkt schon lange feststeht. Und wenn er kommt, werde ich bereit sein.

Mit den Worten von Charlie Chaplin möchte ich meinen »Reisebericht« schließen:

»Als ich mich selbst zu lieben begann, habe ich verstanden, dass ich immer und bei jeder Gelegenheit zur richtigen Zeit am richtigen Ort bin und dass alles, was geschieht, richtig ist – von da an konnte ich ruhig sein. Heute weiß ich: Das nennt man Vertrauen.« [*]

[*] Aus einer Rede Charlie Chaplins an seinem 70. Geburtstag am 16.04.1959

18. In der Stille der Dunkelheit zurück zu meinen Wurzeln

Ich liebe die Stille des Waldes, weil sie sich auf mich überträgt. Mittlerweile liebe ich diese Form der Stille auch bei Nacht. Dann empfinde ich sie noch intensiver ist, noch stiller als am Tag. Deshalb zieht es mich auch immer öfters bei Dunkelheit hinaus in den Wald zu Nachtwanderungen. Und je dunkler es ist, umso mehr Sterne lassen sich sehen, vor allem im Winter, wenn die Nächte frostig kalt sind und der Himmel noch klarer erscheint. Fürchte ich mich bei dieser manchmal schon extremen Dunkelheit, in der ich meine Hand vor Augen nicht erkennen kann? Nein, das tue ich nicht, aus einem ganz simplen Grund: weil ein Teil von mir *selbst* »Dunkelheit« ist und ich diesen Aspekt ebenso in Liebe und Dankbarkeit annehme, auch angenommen habe. Es gibt zudem überhaupt keinen Grund, sich vor irgendetwas zu fürchten. Mein Diabolisches Bewusstsein trägt zu gleichen Teilen dazu bei, dass ich mich sicher und geborgen fühle. So wie mich die Dunkelheit der Nacht erst das hell leuchtende Licht der Sterne sehen lässt, lässt mich meine eigene »Dunkelheit« mein eigenes »Licht« wahrnehmen.

Die Augen sind bei völliger Dunkelheit ohnedies nutzlos, während alle anderen Sinne noch geschärft werden. Dadurch verändert sich auch die Wahrnehmung auf jeder Ebene des Seins. Zudem können die Augen täuschen oder sich auch gezielt täuschen lassen. Unter dem billigsten Mantel kann sich ein Herz aus reinem Gold verbergen, während im schönsten Gewand sich der Teufel persönlich verbergen kann, und der zeigt sich in der Regel in den schönsten Gewändern. Also werte und urteile ich nie nach dem äußeren Erscheinungsbild. Deshalb sind diese Nachtwanderungen eine sehr gute Übung, um die anderen Sinne wieder zu stärken. Ein positiver Aspekt der Dunkelheit. Es gilt diese positiven Seiten wieder zu erkennen und zu entdecken, Achtsamkeit ist das Gebot.

An einem schönen, wärmenden Lagerfeuer sitzen und in den nächtlichen Himmel blicken, die Sterne beobachten, noch Vollmond dazu, perfekt. Die Gedanken und der Geist sind still und entspannt, es kehrt im wahrsten Sinne des Wortes Ruhe in mich ein. Eine für mich neue, aber sehr schöne Erfahrung, die Nächte so zu verbringen, und dennoch eine sehr vertraute. So zeigt die Dunkelheit eine ihrer weiteren schönen Seiten, eine von vielen, denn nur so sind die Sterne und Planeten zu sehen.

Dass es mich jetzt auch bei Nacht in den Wald zieht, hat noch einen ganz anderen Grund, einen für mich sehr wichtigen dazu; das hat mit meinen unzähligen

Vorleben zu tun, in denen ich Schamane, Druide, Seher, Medizinmann, Nonne, Priester/in, Hexe usw. war. Alle diese Charakteren sind in mir vereint. Meine »wahre Natur« kommt immer mehr damit zum Vorschein, ich *selbst* als Lichtarbeiter. Bewusst-Sein tritt immer weiter hervor. Alles hat seinen Sinn und Zweck, nichts geschieht ohne Grund und wir tun auch nichts ohne Grund, alles ist vorherbestimmt, nichts geschieht aus Zufall. Auch wenn mir dieses Warum und Wieso nicht gleich offenbart wird: Es reicht mir zu wissen, dass es so, wie es ist, gut so und richtig für meine eigene Reise zu mir *selbst* ist. Wobei mir jetzt immer öfter gleich klar wird, warum und weshalb mir all diese Ereignisse, Erlebnisse und Begegnungen widerfahren sind. Der »Schleier des Vergessens« lüftet sich zunehmend. Mein Weg liegt immer klarer vor mir, mein Ziel ist mir bereits bekannt. Beide Formen der Dunkelheit, meine eigene und die der Nacht, helfen mir immer mehr, zu mir *selbst* zu transformieren.

Mich hat eine meiner »Reisenden« gefragt, ob ich mit meinen Händen heilen kann. Das habe ich verneint. Ein Aspekt von mir *selbst*, den ich bisher abgelehnt habe. Warum? Es widerstrebt mir der Gedanke, andere durch Auflegen meiner Hände heilen zu wollen. Weil jeder diese Fähigkeit besitzt, sich *selbst* zu heilen.

Aber unter *andere* und *sich selbst zu heilen* verstehe ich dennoch etwas völlig anderes. Ich habe gestern einem Obdachlosen einen warmen Schlafsack gekauft. Ihm diesen dann gegeben, mir dann noch die Zeit genommen, mir einen Teil seiner Geschichte (seiner Reise, seines Seelenplanes) anzuhören. Wie er denn heißt und warum er auf der Straße lebt. Mark, so ist sein Name, hat mir sehr imponiert mit einer seiner Aussagen, dass niemand außer ihm selbst seine Geschichte wirklich kennt und keiner das Recht hat, über ihn zu urteilen und zu werten. Wow … Nur so viel sei preisgegeben: Der Verlust eines geliebten Menschen war der Auslöser dafür. Allem geht immer ein auslösendes und einschneidendes Ereignis voraus. Der »Stein des Anstoßes«, der die »Dinge« ins Rollen bringt. Dass Mark nun sein Leben auf der Straße verbringt, hat ja noch viel weitreichendere Gründe. Davon ist sicherlich einer: um diese Form des Lebens zu erfahren.

Was glaubst du, womit ich diesem unserem Bruder mehr bzw. wirklich geholfen habe? Wenn ich ihm meine Hände aufgelegt hätte oder eher dadurch, dass ich ihm meine Aufmerksamkeit zuteilwerden ließ? Sicher auch mit dem Schlafsack. Der Schlafsack und der bei uns herrschende Dauerfrost waren ja letztendlich der Anlass, welcher mich bewegte, mit Mark ins Gespräch zu kommen. Ist das nicht die wahre Form von »Heilung«, in das Handeln zu gehen und zu helfen? Für mich schon. Damit auch zu zeigen, dass ich eins bin mit Allen und Allem. Ich »heile« viel lieber auf diese Art und Weise, indem ich *selbst* handele. Auch eine Art des Handauflegens, aber eben durch das Handeln. Mir ist auch völlig bewusst, dass ich nicht allen auf diese Weise helfen kann. Dies ist auch nicht die Aufgabe von Einzelnen, sondern eine gemeinsame Lektion, die es noch für uns alle zu lernen gilt. Füreinander da zu sein, eins zu sein. Aber diesem einen Bruder konnte ich helfen und »nur« das zählt im Augenblick. Wenn ich *selbst* etwas für andere tue, dann tue ich dies, ohne dass ich mir etwas davon erwarte oder verspreche. An diesem Tag habe ich aber »etwas zurückbekommen«: die Erinnerung an einen weiteren und zusätzlich sehr schönen Aspekt meiner *selbst*, den der Nächstenliebe. Eine wunderschöne Form des Helfens und des »Heilens«. Tun!

Lässt mich mein Handeln gegenüber Mark ein »besserer« Mensch sein? Es lässt mich ich *selbst* sein. Überhaupt, was ist ein »besserer« bzw. ein »guter« Mensch und was ist ein »weniger guter« oder »schlechter« Mensch? Woran wird das gemessen? Das kann jeder nur für sich *selbst* beurteilen. Um ein »gutes« menschliches Wesen zu sein, bedarf es keiner Flügel am Rücken, und um ein »schlechter« Mensch zu sein, bedarf es keiner Hörner auf der Stirn.

Wie heißt es da so schön: »Liebe deinen Nächsten wie dich selbst.«

Ich bin davon überzeugt, dass das von uns niemand »erwartet«. Dass wir jedem, der unseren Weg kreuzt, oder auch Menschen, mit denen wir tagtäglich zu tun haben, zum Beispiel Arbeitskollegen, um den Hals fallen und zu ihnen sagen sollen, dass wir sie lieben.

Sind es nicht eher die kleinen Gesten, die die Nächstenliebe ausdrücken, wie z. B. jemand völlig Fremdem unsere Zeit und ein offenes Ohr zu schenken, ohne auf das, was uns dann erzählt wird, unbedingt etwas erwidern zu müssen? Oder die Nachbarin, der wir die Einkäufe bis vor die Wohnungstür tragen; die Kollegin, deren durch Krankheit oder Urlaub angesammelte Arbeit wir übernehmen; vielleicht sogar ein Nachmittag auf einer Kinderkrankenstation, um dort etwas vorzulesen oder gemeinsam zu basteln ... Es sind ein paar wenige Dinge oder Situationen, denen wir jeden Tag begegnen, die Möglichkeiten eröffnen, füreinander dazu sein.

Jetzt mal ganz ehrlich, es ist doch sehr einfach, seinen NÄCHSTEN zu lieben. Liebe zu zeigen, dafür gibt es unzählige Möglichkeiten. Diese oft ganz unscheinbaren Möglichkeiten wahrzunehmen macht unseren wunderschönen Planeten doch liebe- und lichtvoller – und es liegt in unser aller Verantwortung, dies zu bewirken. Um noch einmal auf den Anfangssatz zurückzukommen, wie wäre es damit: »Liebe deinen Nächsten wie dich *selbst,* und bist du dazu noch nicht fähig, dann füge ihm wenigstens keinen Schaden zu«?

Das wäre doch schon einmal ein Anfang oder findest du nicht?

Jeder von uns hat etwas, das er geben oder tun kann, die Möglichkeiten dazu sind schier unendlich. Die Zeit der Worte (»Wir sind alle eins«, »Die wahre Sprache der Engel ist die Liebe« und »Ich bin ein Erdenengel«) und der Untätigkeit sind vorüber. Die Zeit, sich auch wie ein Engel zu verhalten und entsprechende Taten folgen zu lassen, ist nun gekommen. Durch dein Handeln kannst du dich prüfen, ob du wirklich ein Erdenengel bist oder es doch letztendlich nur hohle Phrasen sind.

Unser Schöpfer sendet immer nur Engel (Geschwister in Menschengestalt) zu uns, dann sei auch du nun ein

Engel für jemand anderen. Entscheide du *selbst*, für wen du dieser Erdenengel bist, und gehe deinem Schöpfer dadurch entgegen. Zugleich trittst du dadurch auch in deine Eigenverantwortung ein. Es liegt damit an dir *selbst*, ob du weiterhin auf allen Vieren kriechst oder deine Flügel dazu benutzt, wofür du sie bekommen hast: zum »Fliegen«. Wie diese Flügel »funktionieren«, das weißt du. Diese Entscheidung liegt ganz allein bei dir *selbst* und damit auch, welchen von den beiden Seelenplänen du in die Tat umsetzt oder manifestierst.

Und so hilft mir selbst die »Dunkelheit« dabei, weiterhin Licht ins »Dunkle« (beim *Bewusst-Sein-Werden*) zu bringen, und verliert zusätzlich ihren »Schrecken«. Anders gesagt, ich muss mich nicht vor mir *selbst* fürchten bzw. vor einem Teil von mir, der auf seine eigene Art und Weise wunderschön ist. Auch du brauchst dich davor nicht zu fürchten.

»Nun, da du dir deines wahren Selbst bewusst bist,
gehe hin und nimm die dir gegebenen beiden
mächtigsten Werkzeuge im Universum –
die göttliche Liebe und das Licht –
und wirke damit ihrer Bestimmung nach, zum Wohle
und Nutzen aller und allem.
Indem du dir selbst wieder dessen bewusst bist,
dass du dadurch des Schöpfers Werkzeug bist.«

19. Selbstbestimmtes Leben

Um ein von dir *selbst* bestimmtes Leben zu führen, bedarf es keinerlei »Hilfsmittel«, wie zum Beispiel Pendel, Wahrsagen, Hellsehen oder des Kartenlegens.

Nehmen wir uns das Beispiel des Kartenlegens zur Hand. Es gewährt dir Einblicke in deine Zukunft, auf Ereignisse, die auf dich zukommen. Verhält es sich damit aber nicht so, wie wenn du kurz vor einer Prüfung stehst, aus Bequemlichkeit aber keine Lust verspürst, selbst dafür zu lernen, und vorab versuchst, an die Lösungen der Klausur zu kommen? Mag sein, dass du dadurch die Prüfung sogar mit Bravour bestehst, aber in Wahrheit hast du *selbst* nicht das Geringste gelernt. Und so verhält sich das auch auf spiritueller Ebene, indem du durch das Kartenlegen die für dich bestimmten Ereignisse (Lektionen) und die daraus resultierenden Erfahrungen schon vorher angeschaut hast. Damit hast du diese Lektionen nicht wirklich gelernt. Aber darum geht es doch bei unserem ganzen Dasein hier, darum, Erfahrungen zu sammeln, und zwar ohne dass wir vorher wissen, um welche Erfahrungen es sich handelt.

Ansonsten hätte »man« es uns ersparen können, dass uns zu diesem Zweck der »Schleier des Vergessens« übergestreift wird (dass wir uns unseres wahren Selbst zeitlich begrenzt als Mensch nicht bewusst sind), ja, wir können es uns dann sogar ersparen herzukommen, d. h. nach hier zu inkarnieren.

Stell dir doch mal selbst die Frage und fühle dabei in dich hinein, ob dir das Wissen vorab um die Dinge, die dir bestimmt sind, die auf dich zukommen, denen du entgegengehst, wirklich dabei hilft, in dein wahres Bewusst-Sein zu gelangen und ein von dir selbst bestimmtes Leben zu führen? Nicht wirklich! Ist es nicht auch in gewisser Art und Weise ein Betrug an dir selbst? Bewusst-Sein hat es nicht nötig, sich selbst zu betrügen, EGO indessen schon. Und wo bleiben bei der ganzen Sache dann der Reiz und vor allem der Spaß?

Dass diese Dinge mit der Zeit von uns *selbst* erahnt werden können, dafür sind wir mit unserer Intuition ausgestattet und gesegnet, die auf deiner Reise zu dir *selbst* immer mehr ausgeprägt wird und hervortritt, und das zum *richtigen Zeitpunkt*. Sei geduldig und habe keine Furcht vor dem, was da alles unbewusst auf dich zukommt. Dir geschieht in keinster Weise etwas, wenn du um all die Dinge vorher nicht weißt. Von Anbeginn an, als ich selbst mit dem Kartenlegen in Berührung gekommen bin, habe ich eine starke Ablehnung dagegen verspürt. Zuerst aus dem Gefühl der Angst heraus, eben davor, was mich alles da noch erwartet. Dieses Gefühl der Angst ist aber sehr schnell dem Gefühl gewichen, dass es sich dabei um eine Form des Selbstbetruges und des fehlenden Selbstvertrauens handelt.

Nichts von all dem, was mir laut Kartenbild hätte widerfahren sollen, ist auch so eingetreten. Zu einem ganz bestimmten Thema hatte ich sogar drei verschiedene Interpretationen von drei verschiedenen Kartenlegerinnen. Die dritte habe ich erst gar nicht gesehen, die hat meine Schwester neugierigerweise darauf angesprochen. Diese besagte dritte Kartenlegerin hat meiner Schwester anhand von nur einer Frage antworten können und ohne dass sie dafür die Karten in ihre Hände genommen hat. Die Antwort war zwar stimmig, aber nur, weil die Kartenlegerin eins und eins addiert hatte. Ich bin geschieden und deshalb lag der Fuchs, der steht für ein falsches Kind oder dafür, dass mit dem Kind etwas nicht in »Ordnung« ist, so die Info der ersten Kartenlegerin, bei meinen beiden Kindern im Kartenbild. Ich weiß jedoch mit Gewissheit, dass ich in jeder Hinsicht der Vater meiner beiden Kinder bin.

Heute kann ich darüber lachen, damals war mir aber nicht danach. Bis zu dem Zeitpunkt, als ich eben völlige Klarheit darüber hatte. Obwohl ich innerlich immer gewusst habe, dass es *meine* Kinder sind, habe ich mich verunsichern lassen. Es hat mir etwas sehr Wichtiges gezeigt: dass ich zu diesem Zeitpunkt alles andere als im *Selbstvertrauen* und Bewusst-Sein war. So hat das Ganze noch einen positiven Aspekt.

In allem Negativen ist auch zugleich das Positive enthalten. Das ist Achtsamkeit, wenn man diese Dinge und Zusammenhänge erkennt, wenn auch erst im Nachhinein. Eine sehr wichtige Lektion und auch eine weitere Erfahrung für mich.

Im Herbst des Jahres 2015 hätte ich zudem noch einen Krankenhausaufenthalt haben müssen, eine Nebenhöhlenentzündung (die letzte übrigens) hatte meinen Körper im Herbst etwas »ruhiggestellt«. Mit den Bremsen meines Autos solle auch etwas nicht stimmen. Eine juristische Auseinandersetzung war mir ebenso für die zweite Jahreshälfte 2015 vorausgesagt. Die entpuppte sich als Schriftverkehr mit dem Hersteller meines Autos, weil die Steuerkette nach der Hälfte der vom Hersteller angegebenen Kilometer ausgetauscht werden musste. Dabei ging es um die Übernahme der Reparaturkosten auf Kulanz. Bremsen und Steuerkette sind doch ein ziemlich großer Unterschied. Alles wurde mir ja sogar mit Zeitangabe (2015) interpretiert – und genau das ist die völlig zutreffende Bezeichnung dafür: Interpretation. Für Interpretationen bleibt beim Kartenlegen ein sehr großer Spielraum offen. Allein das ist schon ein Grund, die Finger davon zu lassen.

Noch eine Begebenheit dazu, die so tatsächlich geschehen ist und deren Zeuge ich bin, also nicht selbst davon betroffen. Da lässt sich ein junger Mann die Karten legen und der/die Kartenleger/in offenbart ihm, dass in den nächsten Wochen sein Vater sterben wird. Wie soll das dabei helfen, ein selbstbestimmtes Leben zu führen und sein wahres Bewusst-Sein zu erlangen, wenn der Tod eines Angehörigen vorhergesagt wird und auch so eintritt? Der Sohn konnte weder den Tod seines Vaters damit verhindern, noch ist ihm der Schmerz des Verlustes und der Trauer erspart geblieben. Es hat ihm in keinster Weise einen »Vorteil verschafft«, ihn darauf vorbereitet, dass er vorab davon wusste.

Möchtest du das alles wirklich schon vorher wissen? Bedenke, dein Kartenbild zeigt dir Ereignisse voraus, die für dich bestimmt sind. Positive wie negative.

Erinnere dich daran bzw. rufe dir ins Bewusst-Sein (dazu bist du in der Lage), dass alles, was dir bisher widerfahren ist (deine Vergangenheit), du gerade erlebst (deine Gegenwart) und auch noch erleben wirst (deine Zukunft) von dir *selbst* ganz bewusst so in deinem eigenen Seelenplan festgeschrieben wurde. Und dies aus gutem Grund. Du hast dir dabei etwas »gedacht«, als du diesen so verfasst hast. Um aus deiner Vergangenheit, deiner Gegenwart und deiner Zukunft Erfahrungen zu machen. Eine sehr wichtige davon ist *Selbstvertrauen*. Dass alles so, wie es war, jetzt in diesem Augenblick ist und auch noch sein wird, gut so ist, wie es ist. Noch einmal, es ist dein von dir *selbst* verfasster Seelenplan, also dann vertraue dir auch, traue dich – gerade was deine Zukunft betrifft. Ohne dass du vorher schon weißt, was diese für dich bereithält. Wem vertraust du nun wirklich, dir *selbst* oder den Karten? Alle Ereignisse und gesammelten Erfahrungen sind zudem dein wahres Wissen.

Auf alle deine Fragen, die sich für dich stellen, wirst du im Außen keine Antworten finden, auch nicht in den Karten, durch das Pendeln und Wahrsagen. Du trägst sie in dir; als du inkarniert bist, hast du diese bereits mitgebracht.

Stelle doch einmal dem bzw. der Kartenleger/in zwei

Fragen, bevor du dir die Karten legen lässt. Ich kenne bereits die Antworten darauf. Kann er oder sie dir mit Gewissheit sagen, dass das Legen der Karten für dich *selbst* einen Einfluss auf deinen dir vorgegebenen Weg (deinen Seelenplan) hat (Ursache und Wirkung)? Nein! Dann die zweite Frage, warum er oder sie dir die Karten dennoch legen will? Auch hier die Antwort: Weil es nicht ihr eigener Seelenplan ist. Es ist *dein* Seelenplan, mit dem hier hantiert wird. Wie bei den Banken, die viel lieber mit den Einlagen ihrer Kunden spekulieren anstatt mit den eigenen. Die Banken weisen zumindest, wenn auch dazu verpflichtet, auf die etwaigen Risiken hin. Alles findet im Hier und Jetzt statt und dessen ist sich der/die Kartenleger/in völlig bewusst (vorausgesetzt, er/sie ist im Bewusst-Sein). Warum dann in die, in deine Zukunft blicken? Und dies finde ich schon sehr fragwürdig ... Wem vertraust du nun wirklich, dir *selbst* oder den Karten?

Kartenlegen, Pendeln, Wahrsagen, Witchboards sind Dinge, die weder der Esoterik angehören noch etwas mit Spiritualität zu tun haben. Es ist nichts weiter als ein neuer Wirtschaftszweig, mit dem mittlerweile sehr viel Geld verdient wird. Oft auch auf zwielichtige Weise. Man gaukelt den Menschen vor, es sei ein Teil der Spiritualität. Mir gegenüber fiel indessen schon mehrmals die Äußerung, dass Schamanismus, der schon seit Jahrtausenden Bestand hat, und auch Reiki nichts taugen. Aber zugleich wurde gerade das Kartenlegen schon als das Non plus ultra gepriesen.

Ich verrate dir noch etwas. In Wahrheit sind es die Kartenleger, die Angst vor ihrer eigenen Zukunft haben. Weswegen sie sich auch selbst sehr oft die Karten legen, sei es in Bezug auf den bevorstehenden Urlaub, Verträge, Partnerschaft usw. Weil sie über mangelndes *Vertrauen* in sich selbst und ihren Seelenplan verfügen. Ihr Ego möchte alles kontrollieren, während das Bewusst-Sein dies nicht braucht. Weil es vertraut, nämlich sich *selbst*.

Nun wäge sorgsam ab und denke darüber in aller Stille nach, bevor du diese Art von »Hilfsmitteln« in Anspruch nimmst!

Es ist und bleibt letzten Endes jedem selbst überlassen.

20. "Spiritueller Lehrer"

Mit dieser Bezeichung bin ich mittlerweile sehr vorsichtig. Ich bin auch schon der Versuchung erlegen, mich *selbst* als einen solchen zu bezeichnen. Heute weiß ich, dass ich dies definitiv nicht bin. Es käme mir nicht mehr in den Sinn, mich in irgendeiner Form *Lehrer* zu nennen und schon gar nicht *Spiritueller Lehrer*. Was kann mir ein »Spiritueller Lehrer« denn überhaupt lehren? Außer seine eigenen Erfahrungen? Ja, aber seine Erfahrungen sind nicht die meinen. *Meine* Erfahrungen sind es doch, die mich lehren, die mich *selbst* zu meinem besten Lehrer und zugleich zu meinem besten Schüler machen. Und wenn ich da sehe, was viele von diesen »Spirituellen Lehrern« da lehren, fällt mir auf, dass es noch nicht einmal ihre eigenen Erfahrungen sind, sondern Dinge, die man im Internet und in Büchern nachlesen kann. Sie geben letzten Endes nur angelerntes Wissen von anderen weiter. Macht dieses Weitergeben mich zum Lehrer? Es ist ja nicht tätsächliches Wissen, sondern eben nur die Erfahrungen von anderen, zum Teil anderer sogenannter »Spiritueller Lehrer«.

Kann mich ein »Spiritueller Lehrer« »aufwecken«, sprich mich ins Bewusst-Sein holen? Ich glaube eher nicht, ich behaupte sogar ganz dreist, dass er das nicht kann. Warum ich mir da so sicher bin? Weil ich diese Erfahrung gemacht habe, in Bezug auf mein »Aufwachen«. Da gab es jemanden, der glaubte, mich »aufgeweckt« zu haben. Aber dem ist ganz gewiss nicht so. So wie auch kein Arzt einen Komapatienten aus dem Koma erwecken kann. Entweder der Patient schafft es von ganz allein oder auch nicht. So sehe ich das auch in Bezug auf das »Aufwachen« im Sinne des *Bewusst-Sein-Werdens*. Ich *selbst* bin der Einzige, der dies zu erreichen vermag, niemand anderes. Wende ich das Hermetische Gesetz der Entsprechung an, und das trifft hier zu, dann ist die 3D-Welt ein Spiegel für die spirituelle/geistige Ebene. Wie innen, so außen, und wie außen, so innen.

Auch wenn der »Spirituelle Lehrer« noch so spirituell ist oder dies zumindest von sich selbst glaubt (glauben kann jeder, was er möchte), er kann es schlichtweg nicht. Hier stellt sich für mich die Frage, wie »spirituell« ist er dann oder wie bewusst ist er sich seines wahren Selbst in Wahrheit wirklich? Als Bewusst-Sein und somit als Lichtarbeiter weiß ich, dass ich dazu nicht in der Lage bin, ich kann einen Menschen lediglich begleiten, leiten und führen, soweit er es mir gestattet, aber auch nicht mehr. Es kann dich niemand »lehren« oder dir zeigen, spirituell zu sein. An diesem Punkt möchte ich darauf hinweisen, dass ich an der Spiritualität anderer keinen Zweifel hege. Allerdings daran, dass sie

»spiritueller, bewusster und wacher« als andere sind. Spirituell zu sein heißt nicht zwangsläufig, auch Be- wusst-Sein zu sein. Die alte Frau, die z. B. ihr Leben lang regelmäßig in die Kirche geht und dort zu Gott spricht, sich damit auf die spirituelle/geistige Ebene begibt, ist sich dadurch noch lange nicht ihres wahren Selbst bewusst. Was bedeutet es denn überhaupt, spiri- tuell zu sein? Ganz ehrlich, diese Frage kann sich jeder nur *selbst* beantworten, dies empfindet jeder von uns anders. Darauf gibt es keine klar umrissene Antwort. Spirituelle/geistige Wesen sind wir nämlich alle, jeder auf seine eigene Art und Weise. Bin ich spiritueller, weil ich ein Lichtarbeiter bin? Nein, bin ich nicht. Ich bin halt auf meine Weise spirituell. Es käme mir eben- so wenig in den Sinn zu behaupten, erhaben zu sein. Bewusst-Sein erhebt sich nicht über andere.

»Wo siehst du dich in fünf Jahren?« Diese Frage wurde mir schon häufig gestellt, unter anderem von einer Per- son, die sich selbst »Spiritueller Lebensberater« nennt und dazu noch für spiritueller hält als viele von uns. Diese Frage stellt sich mir nicht. Warum sollte ich auch meine Seelenzeit damit verschwenden, mir über etwas den Kopf zu zerbrechen, was mir ohnehin bestimmt ist? Mal angenommen, ich mache mir so meine Gedan- ken darüber, wo ich in fünf Jahren bin oder mich selbst sehe, während es für mich bestimmt ist, dass ich in drei Jahren sterbe: Dann habe ich völlig umsonst meine Zeit damit vertan, mir über meine Zukunft Gedanken zu machen, die ist nämlich vollkommen vorherbestimmt. Zur Erinnerung: Es existieren zwei Seelenpläne für jeden für uns. Ob nun Plan A oder Plan B verfolgt und umgesetzt wird, das liegt an jedem selbst, ohne dass ich mir darüber meinen Kopf zerbreche. Bewusst-Sein tut dies nicht, weil Bewusst-Sein frei von aller Kontrolle ist. Es strebt stattdessen Vollkommenheit und Harmonie an. Es ist im Hier und Jetzt.

Von daher stellt sich für mich die Frage nicht, wo ich mich in soundsoviel Jahren sehe, sie ist völlig überflüssig. Das ist wieder so eine typische Frage, die vom Ego herrührt, das alles kontrollieren will. Es lebt sich doch wesentlicher entspannter, gelassener und freier, wenn man frei von aller Kontrolle ist.

Frei von Kontrolle zu sein ist nicht gleichbedeutend damit, nicht mehr zu handeln und untätig zu sein, sich einfach hinzusetzen und abzuwarten. Frei von Kontrolle zu sein bedeutet, die Ereignisse, Erlebnisse und Erfahrungen, die dir noch bestimmt sind, als das anzunehmen, was sind für dich *selbst* sind, als Teil deiner Reise zu dir s*elbst*. Unabhängig davon, ob positiv oder negativ, zu wissen, es ist gut so, wie es ist, es hat seine Richtigkeit so. So definiert sich für mich, *frei von Kontrolle zu sein.*

Meine Schwester sagte ganz zu Beginn meiner eigenen Reise etwas sehr Weises zu mir: »Brüderchen, heile erst dich selbst, bevor du damit beginnst, die Welt zu heilen.« Mit anderen Worten: »Räume erst gründlich bei *dir* auf, bevor du anderen dabei behilflich bist.« Ich habe das schon gleich von Anbeginn an intuitiv beherzigt. Meine Schwester hat mich lediglich noch einmal daran erinnert. Das lege ich vielen selbsternannten

Lehrern und Beratern ans Herz: es mir gleichzutun –
und das aus gutem Grund.

>>*Befreie dich von allem Einfluss,*
lasse ab davon, andere beeinflussen zu wollen
auf deinem dir bestimmten Weg,
somit auf deinen Seelenplan Einfluss zu nehmen
und dich selbst von außen beeinflussen zu lassen.<<

21. Karma und "karmische Schuld"

Ein paar Worte zum Thema Karma, auch als *Ursache und Wirkung* bekannt. Es heißt immer, dass man sich Karma auflädt, wenn man Lektionen nicht lernt (die darin enthaltenen Erfahrungen nicht sammelt). Das stimmt ja so auch. Es ist aber für mich kein Grund, in Panik auszubrechen. Wenn man sich dessen bewusst ist, dass es die eine oder andere Erfahrung noch zu machen gilt, dann verliert das Wort an sich schon seinen Schrecken. Für manche bedeutet Karma gleich etwas Negatives. Aber ohne Ursache und Wirkung gibt es keine Erfahrungen.

Negatives Karma kann durch positives Karma ausgeglichen werden, so heißt es zumindest. Ist das tatsächlich so? Wenn dem so ist, dann müssten wir ja keine Lektionen aus dem Negativen mehr lernen, es würde doch viel einfacher sein, etwas Positives zu tun. Wenn ein Soldat im Krieg Menschen tötet, um sein Land und seine Mitmenschen zu schützen, dann lädt er sich kein negatives Karma auf, während jemand, der aus Habgier tötet, dies aber schon tut: so der Glaube, der durch die sozialen Netzwerke geistert. Ob ich jetzt jemanden als

Soldat oder als Schurke das Leben nehme, ihn dadurch auf die »Heimreise« schicke, macht das einen Unterschied? Es hat unterm Strich das gleiche Ergebnis, und zwar ich bin für des Ableben ein anderen verantwortlich, unabhängig von den Beweggründen. Töten ist Töten. Wird sich denn hier in Bezug auf das Karma nicht etwas »schöngeredet«? Ohne negatives Karma, wie bereits erwähnt, könnten wir viele Erfahrungen erst gar nicht sammeln und zudem wüssten wir auch nicht, was dann positives Karma ist. Das eine geht nun mal nicht ohne das andere. Es muss immer beides vorhanden sein, nur so ist es komplett und kann sich gegeneinander aufheben. Das gilt für alles, deshalb weise ich mehrfach in meinem Buch daraufhin.

Wie schon erwähnt: Lerne deine Lektionen, die in den beiden Formen von Karma enthalten sind, und gut ist es. Sei dir stets bewusst, dass alles, was du tust (Ursache), Folgen bzw. Konsequenzen (Wirkung) nach sich zieht. Welche Wirkungen, hängt von deinem Handeln ab, davon, welche Entscheidungen du jeweils triffst. Mache dir deshalb stets bewusst, was du fühlst, denkst und dementsprechend dann auch tust.

Wir laden uns Karma auf, weil es Teil unseres Weges ist. Es ist somit Bestimmung.

Ohne Karma gäbe es ja gar keinen Grund mehr für uns, überhaupt noch hier auf die Erde zu kommen. Das wird ja durch Auflösen von allem Karma angestrebt: alle noch nicht gelernten Lektionen nachzuholen und damit den Inkarnationszyklus zu beenden. Das ist aber kein Muss! Ja, du liest richtig. Halte dir immer vor Augen, du bist aus freien Stücken hier, dich zwingt niemand herzukommen. Auch dann nicht, wenn du nicht alles Karma aufgelöst hast, nicht alle Lektionen gelernt und nicht alle Erfahrungen gesammelt hast. Wir sind auf jeder Ebene und als jede Daseinsform mit einem freien Willen ausgestattet. Mal von menschlicher Ebene betrachtet: Hast du alle deine Lektionen in der Schule gelernt, obwohl sie dir immer wieder »serviert« wurden? Ich bin mir sehr sicher, das hast du nicht. Hast dadurch, dass du diese nicht alle gelernt hast, jetzt als Erwachsener Nachteile? Eher nicht. Diese hast du auch nicht als spirituelles/geistiges Wesen, als Bewusst-Sein. Hier kann ich aus eigenen Erfahrungen sprechen, ich bin sitzen geblieben, und das gleich in der ersten Klasse. Es war halt noch einmal angesagt, die gleiche Runde zu drehen. Ich habe dadurch weder »Schaden« genommen, noch habe ich Nachteile deswegen. Im Gegenteil, genau wegen dieser »Ehrenrunde« (diese ist ein Teil meiner Reise) bin ich jetzt genau dort, wo es mir bestimmt ist zu sein und um der zu sein, der ICH BIN. Trotz dieser Wiederholung habe ich nicht alles gelernt. Nimm dir doch immer wieder deine eigene 3D-Welt zum Vergleich.

Dennoch weiß ich schon jetzt, dass ich zum letzten Mal inkarniert bin. Unabhängig davon, ob ich alles Karma »aufgelöst« habe. Es ist ein weiterer weit verbreiteter Irrglaube, dass alles Karma aufgelöst sein muss. Es gibt kein Muss und kein Soll.

Und so übel ist es hier auf der Erde nun auch wieder nicht. Es könnte zwar um einiges besser sein, aber das liegt wiederum an uns allen: diesen Planeten liebe- und lichtvoller zu machen und das Gleichgewicht, somit die Ordnung wieder herzustellen. Sicherlich einer von vielen Gründen, warum wir immer wieder nach hier inkarnieren. Das ist unser aller Karma!

Alles was jeder Einzelne von uns hier mit jeder seiner Inkarnation erlebt und erfährt, steht auch so im Seelenplan geschrieben. Somit ist Karma ganz bewusst während unseres Aufenthaltes hier auf der Erde herbeigeführt (ohne Karma keine Erfahrungen) und allein deshalb ist Karma nur halb so »schlimm«, wie von manchen Schwarzsehern dargestellt wird. Wir führen es *selbst* bewusst herbei, aber für uns als Menschen unbewusst, und das aus einem sehr guten Grund.

Nimm das Ganze auch mit Humor, schließlich soll uns das Bewusst-Sein-Werden Spaß machen und Freude bereiten. Selbst dann, wenn du nicht all dein Karma auflösen kannst oder sogar nicht möchtest! Wir werden zu nichts gezwungen, erst recht nicht von unserem Schöpfer.

Gleich mal vorweg ein Beispiel aus dem Hier und Jetzt und ein sehr simples noch dazu. Angenommen, jemand aus deinem näheren Umfeld bittet dich darum, ihm einen kräftigen Tritt in sein Hinterteil zu verpassen. Dann geht derjenige auch nicht gleich im Anschluss hin und erwartet von dir, dass du dich jetzt dafür bei ihm entschuldigst. Er hat dich ja vorher ganz bewusst darum gebeten (warum, sei mal dahingestellt), um den Tritt in seinen Allerwertesten.

So ist das auch auf spiritueller Ebene, all die Dinge, die

du in deinen Vorleben getan hast, sei es, dass du anderen Schaden, Leid, Schmerzen usw. zugefügt hast, sind ebenso zwischen dir und all denjenigen, denen du sie angetan hast, vorher so abgesprochen worden. Bei diesen »Absprachen« geht es für beide Seiten wieder darum, Erfahrungen daraus zu sammeln (welche, spielt gerade keine Rolle), bevor ihr wieder gemeinsam inkarniert seid.

Somit gibt es auch keine karmische Schuld, ein weiterer Irrglaube. Du bist in dieser Hinsicht niemandem im Geringsten etwas schuldig. Also lass dir da auch nichts einreden. Aber um noch einmal explizit darauf hinzuweisen, ich spreche von karmischer Schuld (aus spiritueller Sicht) und nicht von Moral und Ethik (aus menschlicher Sicht). Das soll für dich bedeuten, dass du jetzt nicht mordend und brandschatzend durch das Land ziehen kannst und ungeschoren davonkommst, quasi mit einem karmischen Freibrief. Du hast auch in deinen Vorleben sicherlich für deine Taten »büßen« müssen, sprich du bist dafür bestraft worden (auf menschlicher Ebene).

Manche spirituelle Menschen kritisieren die katholische Kirche wegen ihres Dogmas der Erbschuld, was ja auch korrekt ist, weil es diese schlichtweg nicht gibt, aber gleichzeitig sprechen sie von karmischer Schuld, die es, wie schon erwähnt, ja auch nicht gibt. Es gibt keine Schuld, nur Ursache und Wirkung (Karma). Karma hat rein gar nichts mit Schuld zu tun. Noch einmal, du bist niemandem etwas »schuldig«, weder in der 3D-Welt noch auf spiritueller Ebene.

Findet in dem Augenblick, in dem sich jemand als Christ, Jude, Muslim, Taoist, Jainist, Protestant, Buddhist bezeichnet, eine Trennung und Abspaltung vom großen Ganzen statt? Bewusst-Sein und unser Schöpfer als UR-Bewusst-Sein kennen keine Form von Trennung. Ist es dann nicht widersprüchlich, dass aber in vielen dieser Glaubensgemeinschaften gelehrt wird, dass alles eins ist? Keine dieser Glaubensgemeinschaften verfügt über den alleinigen »Schlüssel« zur universellen Weisheit und Wahrheit. Erst wenn sie sich dessen bewusst werden, dass sie nur gemeinsam als Ganzes der universellen Weisheit und Wahrheit ein großes Stück näher kommen, wird es gelingen. Stattdessen kocht weiter jede dieser Glaubensgemeinschaften ihr eigenes Süppchen. Deshalb sind sie von ALL-EINS-SEIN noch weit entfernt. Hauptsache, es wird weiter darüber gesprochen, gepredigt, gelehrt und geschrieben und sich selbst damit weiterhin suggeriert, man tue ja etwas dafür. Es mag wie ein Werten von meiner Seite erscheinen, für mich ist es aber eine ganz offensichtliche Tatsache. Denn reden kann jeder, aber letzten Endes zählt, wie man handelt und wirkt! Das Ganze (ALL-EINS-SEIN) scheitert nicht am Können, sondern am Wollen, und das ist eine Gemeinsamkeit aller Glaubensgemeinschaften. Schlichtweg, es fehlt die wirkliche Bereitschaft dazu und scheitert zusätzlich noch am Egoismus, der sich in der Weise zeigt, dass sie sich gegenseitig an die Gurgel gehen – Sunnit (Muslim) erschlägt Schiiten (Muslim), Protestant (Christ) tötet Katholiken (Christ), andere wiederum schotten sich regelrecht hinter ihren Tempeln und Klostermauern ab. Die Führung einer anderen Glaubensgemeinschaft predigt davon, dass vor Gott alle Menschen gleich sind, und gleichzeitig findet eine Diskriminierung der Frauen statt, indem man ihnen das Priesteramt verwehrt. Sind demnach Frauen in den Augen der katholischen Kirchenführung keine Menschen? Macht die Kirchenführung damit ihren eigenen weit verbreiteten »Glauben« nicht selbst unglaubwürdig? Es findet auch bei keiner dieser Glaubensgemeinschaften eine wirkliche Weiterentwicklung statt, es wird seit ewigen Zeiten das Gleiche gepredigt und »geglaubt«. Alles unterliegt doch stetiger Veränderung und alles, was dazu nicht in der Lage oder gar nicht erst bereit ist, wird früher oder später nicht mehr sein. Das ist eine Gesetzmäßigkeit. Nichts von Menschenhand Geschaffenes ist für die Ewigkeit und hierzu gehört auch der Glaube all dieser Gemeinschaften.

Der Buddhismus und auch der Jainismus sind zwei große Glaubensgemeinschaften, die ich sehr schätze. Aber dennoch ist es kein universeller Glaube (es ist keine Gesetzmäßigkeit), an dem es sich zu orientieren gilt, es obliegt natürlich jedem Einzelnen, dies zu tun. Für mich selbst, ganz besonders in Bezug auf Karma, empfinde ich dies so ganz anders. Auch hier folge ich letzten Endes meiner eigenen inneren Führung und damit bin ich bisher sehr gut beraten gewesen und werde es auch sicherlich weiterhin sein.

An dieser Stelle möchte ich noch einmal explizit darauf hinweisen, dass das meine Erfahrungen (mein Wissen) und meine Ansichten sind. Das tue ich aus guten Grund, weil an mich herangetragen wurde, dass ich mir mit meinem Nicht-Wissen sogar viel Karma auflade. Mit Wissen, welcher Art auch immer, lädt niemand von uns sich Karma auf.

Seit mir meine Bestimmung als Lichtarbeiter offenbart worden ist, treten immer wieder Menschen in mein Leben und begleiten mich unterschiedlich lange auf meiner eigenen Reise zu mir *selbst*, um mich bei der Erfüllung meiner Bestimmung in jeder Form zu unterstützen. Sehr viele von ihnen sind sich aber nicht bewusst, dass sie genau dies tun. In erster Linie ist es für mich wichtig, dass ich *selbst* dies erkenne. Bei keinem einzigen von diesen meiner »Geschwister« (unser Schöpfer sendet zu uns immer Engel) empfinde ich das Gefühl, dass wir gegenseitig Karma zum Auflösen haben, sondern ich weiß, dass mir dadurch die Unterstützung meiner göttlichen kosmischen Familie zuteilwird. Meine Familie, so sehe ich das, steht damit geschlossen an meiner Seite.

22. Die eigenen "Dämonen"

Es gibt Menschen unter uns, und solchen bin ich schon begegnet, die sich von Dämonen verfolgt fühlen. Die permanent diese negativen Energien um sich herum wahrnehmen, die ihnen sogar nachts den Schlaf rauben, und deshalb auch immer wieder den Wohnort wechseln. Das ist aber eher ein vor sich selbst Davonlaufen, und dazu dienen diese »Dämonen« als Vorwand. Es weist zusätzlich darauf hin, dass sie noch nicht bei sich *selbst* angelangt sind. Sie sind von innerer Rast- und Ruhelosigkeit getrieben, von der Suche nach sich *selbst*. Genau davon werden sie vom eigenen Ego, ihrem eigenen Dämon abgehalten. In Wahrheit sind nicht sie auf der Flucht, sondern ihr Dämon, dem es bereits dämmert, dass seine Zeit abläuft: dadurch, dass sich diese Menschen immer öfter ihres wahren Selbst bewusst werden. In vielen Fällen zieht es diese »Verfolgten« auffällig oft an den Ursprungs(Wohn)ort zurück, weil es dort noch etwas zu erledigen und aufzulösen gilt. Nur sind sie sich wiederum nicht bewusst, warum es sie dort wieder hinzieht (sie wieder dorthin ziehen).

Es hat einen weiteren plausiblen Grund, warum diese negativen Energien vorhanden sind, denn nichts geschieht ohne Grund und Ursache. Manche von diesen Menschen bekennen sich zum Beispiel dazu, dass sie fremdenfeindlich sind und gar Gefühle der Wut und des Hasses, aus verschiedenen Gründen, für das andere Geschlecht empfinden und in allem immerzu nur das Negative sehen. Empfindet zum Beispiel eine Frau so für das männliche Geschlecht, dann lehnt sie in Wahrheit ihren eigenen männlichen Aspekt, das Christus-Bewusstsein, ab. Sie lebt stattdessen das Diabolische Bewusstsein (den weiblichen Aspekt) stärker aus. Das ist einer der Gründe dafür, dass manche Männer und Frauen in Wirklichkeit mit dem anderen Geschlecht auf Kriegsfuß stehen. Zuweilen gar davon sprechen, sich bloß nicht auf das Schlachtfeld des anderen zu begeben! Mir ist bis heute nicht bewusst, dass wir Männer und ihr Frauen uns im Krieg gegeneinander befinden. Hierbei geht es um eine Annahme beider Aspekte, darum, sie in Einklang zu bringen. Denn Bewusst-Sein strebt immer die Harmonie und die Einheit an.

Was mich erstaunt, ist die Tatsache, dass manche von diesen »Verfolgten« sich für wach, bewusst und besonders spirituell halten und dementsprechend auch auftreten. Sich zuweilen selbst als »Spiritueller Lehrer und Lebensberater« bezeichnen. Wenn dies alles so zuträfe, wäre diesen Menschen dann selbst nicht völlig bewusst, dass diese Dämonen im Außen ihre eigene Kreation sind? Negative Gefühle und Gedanken ziehen nun mal Gleiches im Außen an. Gleiches zieht Gleiches an und wird dadurch verstärkt. Sie sind letztendlich hinter sich selbst her, so wie die Katze, die ihren eigenen Schwanz jagt. Diese »Verfolgungsjagd« ein Ende finden zu lassen, beginnt damit, seine Gefühle und Gedanken zu verändern. Vom Negativen hin zum Positiven. Vor allem den wahren Grund zu erkennen, warum diese negativen Energien selbst kreiert werden. Welche Botschaften und Lektionen sind darin für denjenigen enthalten? Wer oder was hat so viel Macht über dich, dass du diese negativen Gefühle kreierst, wenn nicht dein Ego, dein eigener Dämon?

Es sind, wenn überhaupt jemand hinter dir her ist, die eigenen Dämonen. Wäre es statt einer Flucht nicht sinnvoller, sich seinen Dämonen zu stellen und diese ein für alle Mal loszuwerden? Niemand kann vor sich *selbst* davonlaufen, es war und ist auch weiterhin keine Option und zudem äußerst energieaufwendig und kräftezehrend. Also stelle dich *selbst* deinem Dämon (Ego). Auch ich selbst als Lichtarbeiter stelle mich Tag für Tag meinem Ego und setze mich mit ihm auseinander, so lange, bis es vollständig gewichen ist. Dein Weglaufen zeigt des Weiteren, dass dein Ego noch sehr ausgeprägt ist und starke Kontrolle auf dich ausübt. Genau das gilt es zu erkennen.

Aber auch das Ego enthält, wie alles andere auch, etwas Positives. Denn ohne es wären all deine Erfahrungen, ob nun positive oder negative, gar nicht möglich. Nun ist es aber an der Zeit für dein Ego zu weichen. Jetzt, wo du dich zunehmend auf deine eigene Reise zu dir *selbst* begibst, lässt du das Ego mehr und mehr gehen und schaffst damit Raum für dich *selbst*. Du nimmst deinen so wiedererlangten Raum als *Bewusst-Sein* wieder ein.

Das Ego selbst hat aber aus meiner Sicht eine sehr große »Schwachstelle« und ihrer wird sich auch von außen ständig bedient. Es ist von außen sehr leicht manipulierbar, im Gegensatz zum Bewusst-Sein. Zum Großteil wird aber auf das Ego im negativen Sinne, und das in vielen Hinsichten, Einfluss genommen, um zu verhindern dass sehr viele von uns, die sich gerade auf ihrer Reise zu sich *selbst* befinden, davon abzuhalten: aus reinen Macht- und wirtschaftlichen Interessen, aus purem Egoismus.

23. Der Tod – eine Illusion – nur eine weitere Erfahrung

Der Tod ist Teil unseres *Bewusst-Sein-Werdens*. Je eher du dich mit dem Tod beschäftigst und dir dadurch *selbst* die Angst vor ihm nimmst, umso leichter fällt es dir, zurück nach Hause zu kehren, wenn der Zeitpunkt gekommen ist.

Beim Voranschreiten auf deiner Reise zu dir *selbst* wird dir auch immer bewusster, dass der Tod eine weitere Illusion ist. Er markiert nur den Zeitpunkt, an dem wir mit all unseren gesammelten Erfahrungen unsere »Heimreise« antreten.

Das *Wann* und *Wie* steht schon lange vorher fest, von dir *selbst* so festgelegt und bestimmt. Zum *Wie*: Es gibt unzählige Arten, zu Tode zu kommen, jede einzelne davon ist eine Erfahrung für sich.

Letztendlich ist der Tod auch wieder nur eine weitere Erfahrung, die letzte eben in diesem Inkarnationszyklus, sprich in diesem Leben. Von Anfang (Geburt) bis zum Ende (Tod) geht es darum, Erfahrungen zu sammeln. Das zieht sich schon durch dein ganzes Dasein hier, hat es schon immer getan und wird es auch weiterhin tun.

Nichts im gesamten Universum geht verloren, weder die Seele (DU) noch dein Körper, alles ist Energie. Beides wird dem Kreislauf wieder zugeführt. Du *selbst* kehrst nach »Hause« zurück (um irgendwann wieder zu inkarnieren, wenn du dich wieder dazu entschließen solltest), und dein Körper wird in alle seine biologischen Bestandteile und Elemente des Periodensystems zerlegt. Ein Kreislauf eben, allein deshalb ist der »Tod« schon eine Illusion. Stelle es dir doch mal so vor, du nimmst einen bespielten Tonträger, z. B. eine CD (Körper), und zerbrichst diese (Tod), trotzdem ist die Musik immer noch existent. Du als Seele bist unsterblich!

Nur durch den Tod und das Wiedergeborenwerden kannst du all diese/deine Erfahrungen sammeln. Wie es sich anfühlt, mal Frau, mal Mann, mal Schurke, mal Samariter zu sein, mal ein Leben in Fülle, mal in Armut zu leben.

Leben und Tod gehören untrennbar zusammen, von daher hat auch der Tod seine volle Daseinsberechtigung, seinen guten Grund, seinen Platz, seine *positive Seite*! Selbst hier gelten die sieben Hermetischen Gesetze – z. B. das Gesetz der Polarität und der Geschlechtlichkeit. Somit verliert der Tod seinen Schrecken und du deine Angst davor. Du bist schon unzählige Male »gestorben« und hast es dennoch jedes Mal »überlebt«: Geburt (Inkarnation), Leben (Erfahrungen sammeln), Tod (Heimkehr).

Es kommt uns niemand in einer schwarzen Kutte mit

einer Sense in der Hand holen. Da kommen zwei wunderschöne, strahlend weiße, Licht-Energie- und göttliche Wesen, unsere Geschwister, die uns »nach Hause« geleiten.

Selbst der »Tod« ist Bestimmung, und somit gibt es auch hier kein »Müssen«.

»Durch das wiederkehrende Dahinscheiden in das Jenseits ist uns selbst gleichermaßen wiederkehrend die Möglichkeit gegeben, als Seele im nächsten Dasein hier im Diesseits weiter zu reifen und unserem Schöpfer gleich zu werden.«

24. Unvollkommen und dennoch eine vollkommene Schönheit

In dem Ort, in dem ich aufgewachsen bin, gab es ein Mädchen, ich nenne sie jetzt mal Carolin, die »unvollkommen« war in den Augen vieler und auch in meinen eigenen. »Unvollkommen« insofern, als sie geistig behindert war. Ich habe Carolin das genauso wie die anderen Kinder spüren lassen: dass sie nicht so ist wie wir, wie ich. Indem ich mich über ihr »Anderssein«, ihre »Unvollkommenheit« lustig gemacht und sie damit gehänselt habe. Ein schlechtes Gewissen wegen meines unbewussten Verhaltens von damals habe ich deswegen allerdings nicht.

Jetzt, nach dieser langer Zeit, bin ich mir vollkommen bewusst, dass mein Verhalten (eine meiner viele Erfahrungen) der Carolin gegenüber einer der Gründe ist, dass dieses Kapitel meines Buches überhaupt entstanden ist. Heute, viele Jahre später, sehe ich *selbst* als Bewusst-Sein natürlich diese »unvollkommen« Brüder und Schwestern schon etwas länger mit anderen Augen. Das seit einer Begegnung auf einem Ausflug mit meinen Kindern in den Zoo. Da war nämlich ein Elternpaar mit seinen Drillingen und alle drei Kinder waren schwerstbehindert. Trotzdem habe ich gesehen, dass sie und ihre Eltern, die sich sehr rührend und völlig entspannt um ihre drei Liebsten gekümmert haben, gemeinsam Freude an ihrem Ausflug in den Zoo hatten. ›Was sind das doch für zwei starke Menschen, die so zu ihren »unvollkommenen« Kindern stehen‹, waren meine Gedanken. Ich habe dieses Elternpaar, dies tue ich auch heute noch, sehr für ihre Liebe zu ihren Kindern bewundert. Sicherlich hat sich dieses Paar aus seinem Umfeld die eine oder andere negative Äußerung in Bezug auf ihre Kinder anhören dürfen, so wie die Eltern von Carolin. Denn auch heute noch werden Menschen mit Behinderungen von vielen ihrer Mitenschen nicht als »vollkommen« und »vollwertig« angesehen.

Da gehört etwas ganz Bestimmtes dazu, so zu seinen Kindern zu stehen, trotz der Vorbehalte aus der Gesellschaft. Wie viele Eltern, obwohl sie sehr früh wussten, dass ihr Kind mit Behinderung zu Welt kommen würde, sich dennoch für ihr Kind entschieden! Weil es in ihren Augen absolut vollkommen ist. Solche Eltern sehen ihr Kind trotz der geistigen und körperlichen Behinderungen nicht mit wertendem Blick, sie sehen es mit dem Herzen.

Von der spirituellen/geistigen Ebene aus betrachtet sind es sowohl für die Eltern und auch für das Kind Erfahrungen, die erlebt und gesammelt werden möchten. Denn in jedem (Eltern und Kind) ist ja schon eine vollkommene Schönheit von Geburt an »enthalten«:

eine Seele. Eine Seele, ein Bewusst-Sein, das die Erfahrung machen möchte, trotz »Unvollkommenheit« als Mensch von seinen Eltern geliebt zu werden, und für die beiden Seelen (Eltern) die Erfahrung, ihr Kind, obwohl für andere »unvollkommen«, bedingungslos zu lieben. Dazu gehören auch sicherlich die »negativen« Erfahrungen, z. B. mein Verhalten als Kind der Carolin gegenüber, natürlich auch der Ablehnung durch solche Eltern, die sich entschieden haben, ihr Kind abzutreiben, es zur Adoption freizugeben oder in ein Pflegeheim zu geben. Sein Kind in die Obhut anderer Menschen zu übergeben und deren Fürsorge zu überlassen, ist alles andere als Kaltherzigkeit. Es erfordert sehr viel Mut und vor allem Kraft, sich von einem Teil seiner selbst zu trennen, von seinem Kind. Niemand hat das Recht, ein solches Elternpaar oder auch alleinerziehende Mütter in irgendeiner Form zu verurteilen und zu bewerten. Es ist und bleibt *ihre* Entscheidung und es sind *ihre* Erfahrungen, die damit erlebt und gesammelt werden. Eine solche Entscheidung zu treffen, zeugt ebenso wie die Entscheidung, sich *für* sein Kind zu entscheiden, von wahrer Stärke.

Noch etwas sehr Entscheidendes gehört dazu, solche Entscheidungen zu treffen: Liebe. Es ist sogar Liebe, sein Kind in die Obhut eines anderen Elternpaares zu geben, weil eben die leiblichen Eltern nicht in der Lage sind, das Gefühl von Liebe für ihren Sprössling zu empfinden, und die es deshalb in die liebenden Hände von Mitmenschen geben, die bereit sind, diesem kleinen Menschen Liebe zuteilwerden zu lassen.

Keiner von uns kann wissen, ob diese »behinderten«
Menschen dennoch Bewusst-Sein sind oder auf ihrer
»Reise« dorthin unterwegs sind. Nur weil sie sich nicht
in dieser Hinsicht auf herkömmliche Weise mitteilen
können? Vielleicht tun sie ja das doch auf ihre Art und
Weise, z. B. wie die drei vollkommenen Schönheiten im
Zoo durch das Zeigen ihrer Freude? Wer kann schon
wissen, wie *bewusst* diese Menschen wirklich sind? Ihr
Körper enthält eine Seele.

Wir alle sind auch mit den Eltern und ihren vollkommenen Schönheiten eins. Das sind sie sowohl im Innen
und auch im Außen, wie jeder von uns. Unabhängig
von allen Äußerlichkeiten.

25. Wahre Fülle und Reichtum

Was verstehst du unter Fülle und Reichtum? Sind es eher materielle Dinge wie Geld, ein großes teures Auto, ein imposantes Haus, wertvoller Schmuck usw.? Gegen alle diese Dinge spricht nichts, wenn sie für dich für Fülle und Reichtum stehen.

Oder sind es doch eher innere Werte, wie bedingungslose Selbstliebe, Nächstenliebe, Liebe, die dir selbst zuteilwird, Selbstlosigkeit, Mitgefühl, Anteilnahme, Hilfsbereitschaft, Teilen, sich selbst als sein höchstes Gut, seinen höchsten Wert, als seinen größten Reichtum zu sehen, alle deine erlebten und gesammelten Erfahrungen (im Übrigen dein wahres Wissen)? Alles Dinge, ich würde doch eher sagen: Eigenschaften, die dich zu dem machen, der du wirklich bist, zu dir selbst. Das sind Dinge, die du für kein Geld der Welt kaufen kannst, die weder in Gold noch in Juwelen aufzuwiegen sind. Ist das nicht die wahre Fülle und Reichtum? Bist du wirklich nur reich, wenn du die oben genannten Dinge besitzt? Welche der beiden Formen von Fülle und Reichtum macht dich wirklich glücklich? Was nützen dir alle Reichtümer in deinem Äußeren, wenn dir die in deinem Inneren fehlen bzw. du dich nicht mehr an sie erinnerst? Über diesen inneren Reichtum verfügen wir ja alle, nur haben viele von uns das vergessen, weil sie zu sehr damit beschäftigt sind, dem Reichtum im Äußeren hinterherzujagen, und viel von ihrer Seelenzeit darauf verwenden, anstatt sich ihrem Reichtum und ihrer Fülle im Inneren zuzuwenden, sich derer wieder bewusst zu werden.

Sind wir nicht schon so weit gekommen, dass zwischenmenschliche Dinge wie Komplimente schon fast als negativ empfunden werden? Zählen nur noch überwiegend materielle Dinge, die »Wertschätzung« erfahren und »glücklich« machen? Wenn dem so ist, wie es scheint, dann sind wir vom Weg abgekommen in unserer Entwicklung und Reifung als Seelen. Die Hoffnung, heißt es doch, stirbt zuletzt, und diese Hoffnung habe ich noch nicht aufgegeben: dass wir *alle* es schaffen können, EINS zu werden in unserer menschlichen Daseinsform. Schaffen wir es doch nicht so weit, eins zu sein, dann haben wir uns diese »Tracht Prügel«, von der ich im Kapitel »Unser aller Verantwortung« schreibe, im wahrsten Sinne des Wortes verdient.

Mir ist heute etwas sehr Schönes mit meinem Sohn widerfahren und das ist auch der Anlass dafür, dieses Kapitel zu schreiben.

Ich habe meinen (noch nicht ganz achtjährigen) Sohn heute zum Eisessen eingeladen, nichts wirklich Aufregendes, Besonderes. An der Eisdiele angekommen, habe ich für uns beide jeweils zwei Kugeln Eis in einer Waffel bestellt. Aber keine zehn Schritte weit von der Eisdiele machen sich dann meine beiden Eiskugeln selbstständig, ich greife im Reflex mit meiner rechten Hand danach und gelandet sind sie letztendlich auf meiner Brust. Daraufhin sagte ich zu meinem Sohn: »Lass uns nach Hause gehen und ich ziehe mir schnell ein frisches T-Shirt an.« Auf dem Weg nach Hause stehen wir an einer Ampel und mein »Kleiner« streckt mir mit beiden Armen sein Eis entgegen. Auf meine Frage hin, ob er sein Eis nicht mehr mag, hat er mir Folgendes geantwortet: »Doch, schon, Papa, aber du hast ja keins mehr, du kannst bei mir mitessen.« Auf dem Weg zurück nach Hause haben wir beide uns sein Eis geteilt, bis ich dann einfach stehen geblieben bin, mich zu meinem Sohn hinuntergekniet und ihm dann erklärt habe, dass das, was er gerade mit seinem Eis gemacht hat, sehr selbstlos von ihm gewesen sei und dass sein Verhalten für viele Erwachsene nicht so selbstverständlich ist (selbstlos zu sein, ohne sich davon etwas zu erwarten). Es hat mich sehr glücklich gemacht. Das selbstlose Handeln meines Sohnes empfinde ich auch persönlich als wahre Fülle und Reichtum, denn unsere Kinder spiegeln immer uns *selbst*. Wie wir als Eltern es ihnen vorleben, so übernehmen es unsere Kinder und geben es weiter. Das Hermetische Gesetz der Entsprechung – wie innen, so außen – und das Gesetz der Harmonie: Diese Gesetze (als Teil der sieben Hermetischen Gesetze), ich kann es nur immer wieder sagen, greifen. Ich bin mir auch sehr sicher, dass die oben genannten Dinge (Liebe, Nächstenliebe, usw.) dem Verfasser der sieben Hermetischen Gesetze vorschwebten, als er ganz speziell das Gesetz der Anziehung und das der Harmonie verfasste. Keiner kann mit Sicherheit sagen, wann diese Gesetze verfasst wurden, aber eines ist gewiss, zu diesem Zeitpunkt gab es weder Gold noch Juwelen, geschweige denn Geld. Von der inneren Fülle ist hier schlichtweg die Rede. Die sieben Hermetischen Gesetze wollen verstanden und bewusst gelebt (angewendet) werden (dem Großteil von uns noch unbewusst). Unser gesamtes Leben hier wird permanent davon bestimmt und dessen sind sich eben viele (noch) nicht bewusst. Dazu reicht es natürlich nicht, diese Gesetze auswendig zu lernen, es kommt darauf an, sie auch inhaltlich zu verstehen, wie man anhand des Buches »The Secret« und des dazugehörigen Films aus den USA sehen kann. Hier geht es doch nur um materiellen Reichtum, vom inneren Reichtum und von Fülle liest und hört man so gut wie gar nichts. Es wird überwiegend dem neuen »Goldenen Kalb« Geld gehuldigt.

Wie schon bereits erwähnt, ich lehne Geld nicht ab, aber Geld ist nicht alles. Vor Kurzem sagte jemand etwas sehr Zutreffendes in Bezug auf das Geld: »Wir haben vor lauter Geldverdienen (wir dienen dem Geld) vergessen zu leben.« Wahre Worte, wie ich finde. Um wirklich zu *leben*, glücklich zu sein, *Bewusst-Sein* zu sein, bedarf es keines Geldes und keines materiellen Reichtums.

Wie oft habe ich diese Aussage schon vernommen von so manchem meiner Mitmenschen: dass Geld zwar nicht glücklich mache, aber einen ruhiger schlafen lasse. Das ist für viele eine weitere große Selbsttäuschung. In Wirklichkeit leben sie mit der Sorge, dass ihnen ihr Geld wieder verloren geht. Aber wie kann ihnen etwas verloren gehen, was ihnen gar nicht wirklich gehört? Diese Form ihres vermeintlichen Reichtums ist in Wahrheit für die Zeit ihres Daseins hier nur geliehen, eine weitere Leihgabe. Niemand von uns nimmt im Geringsten etwas Materielles mit nach »Hause«, das hat bekannterweise schon zu Zeiten der Pharaonen nicht wirklich funktioniert. Seit ich diese Erkenntnis wiedererlangt habe, lebe ich noch freier und gelassener.

Für diejenigen, die überwiegend im Materialismus Fülle und Reichtum sehen: Dieser ist auf Sand gebaut und Sand bedeutet Vergänglichkeit (»so wie er unaufhaltsam im Stundenglas verrinnt«). Spätestens bei der bevorstehenden wirtschaftlichen Rezession, und diese folgt nun mal unausweichlich auf ein Konjunkturhoch, ist für viele von ihnen dieser Reichtum weg. Denn viele können dann ihre Darlehen auf ihre Immobilie, ihr Auto und zum Teil auf ihre etwas exklusiven Urlaube (jedem natürlich das Seine) nicht mehr bedienen. Warum, weil viele Unternehmen mit Arbeitsplatzabbau auf eine Rezession reagieren. Damit zerplatzt dann auch die Immobilienblase bei uns. Um dies vorherzusehen, muss man kein »Hellseher« oder »Schwarzseher« sein. Es ist ein Gesetz der Marktwirtschaft, auf ein Hoch folgt ein Tief. Auch hier findet sich das Wellenmuster, nichts verläuft linear. Dann wird es auch sehr viele von diesen »armen Menschen« geben. Es wird sich dann auch für sehr viele herausstellen, wie glücklich und wohlhabend sie in Wirklichkeit sind, oder ob es sich dabei nur um eine von vielen Illusionen handelt, die von ihnen genommen wird.

Was das Verhalten meines Sohnes darüber hinaus noch zeigt: *Was du säst, das erntest du* oder *Wie man in den Wald hineinruft, so schallt es wieder heraus.* Auch all die Kunstwerke, sei es eine Handpuppe, ein Bilderrahmen, eine Aufbewahrungsbox und so vieles mehr, die mir meine Kinder z. B. zum Geburtstag schenken, wertschätze ich sehr, weil sie diese Handarbeiten für mich gestalten. In der Zeit der Entstehung fließen ihre volle Aufmerksamkeit, ihre Zeit, ihre Kreativität und vor allem ihre ganze Liebe für mich mit ein, und sie sind vollkommen bei mir. Dass diese Kunstwerke mit viel Liebe gemacht sind, das fühle und sehe ich. Jedes einzelne hat seinen Platz in meiner Wohnung, nichts davon landet achtlos in einer Schublade, dies wäre meinen Kindern gegenüber sehr respektlos. Ich bin sehr glücklich darüber, dass ich Vater von gleich zwei wundervollen Kindern sein darf. Das ist für mich persönlich wahre Fülle und Reichtum (und diesen kann mir keiner nehmen). Und immer beginnt alles in unserem Inneren, bei und mit uns *selbst*!

Das Erlebnis mit meinem Sohn steht für mich darüber hinaus für noch etwas sehr Wichtiges: Dankbarkeit und Demut. Uns allen würden diese beiden Eigenschaften sehr gut stehen. Rein gar nichts ist als selbstverständlich zu erachten.

Ein kleiner Nachtrag zu meinem Sohn: Er teilt mittlerweile nicht nur mit mir sein Eis, sondern mit für ihn völlig fremden Menschen (Bettlern) sein Taschengeld, und das völlig selbstlos und ohne dass er dazu aufgefordert wird. Einen Euro habe er dem Mann in dessen Becher getan, erzählte er mir, daraufhin erwiderte ich meinem »Kleinen« (in meinen Augen aber in Wahrheit ein ganz Großer), dass die Höhe des Betrags nicht wichtig sei, nur das Teilen selbst. Dass wir genau diese Mitmenschen bewusst wahrnehmen und nicht zur Seite schauen, sondern durch das bewusste und bedingungslose Teilen (keine Erwartungshaltung einnehmen) ihnen unsere Aufmerksamkeit schenken und ihnen zeigen, dass sie nicht allein sind. Gerade für diese Menschen ist es sehr wichtig, dies zu erkennen und zu fühlen. Darauf kommt es letzten Endes an, das ist das wahre Teilen! Meine Tochter hat ebenfalls mit dieser Form des Teilens begonnen, ihr Bruder hat es ihr vorgemacht. Durch uns lässt unser Schöpfer diese Menschen wissen und fühlen, dass er sie nicht »vergessen« hat. Er sendet immer nur Engel (Geschwister) zu uns. Nur durch Teilen wird wirklich vermehrt! Diese Form des Teilens ist für mich die schönste und zugleich eine Bereicherung für mich selbst, lässt sie mich doch einen weiteren Aspekt meines wahren Selbst erkennen, das wahre Teilen (ICH BIN Teilen). Indem wir anderen helfen, helfen wir letztlich uns *selbst*.

Sich *selbst* durch sein bewusstes Handeln *bewusst sein*: Mit zwei einfachen Kugeln Eiscreme wurde dies ins Rollen gebracht, eine kleine *Ursache* mit einer großen *Wirkung*. Die kleinen Dinge sind es nun mal, die die großen in Gang setzen. Aus dem Kleinen entsteht das Große. Ist doch gar nicht so schwer, das mit dem *Bewusst-Sein-Werden.*

»Lege das Maß für wahre Fülle und Reichtum nicht an
vergänglichen Äußerlichkeiten an, sondern an
dein Fühlen, dein Denken und dein Handeln.
Es ist das Maß der Unvergänglichkeit
deines wahren Selbst.«

26. Verneinung

Wenn es so wäre, dass das Unterbewusstsein die Verneinung nicht kennt, wie es von Menschen, unter anderem von solchen, die sich »Spiritueller Coach« nennen, behauptet wird, stellt sich doch schon für mich persönlich die Frage: Ist das wirklich so? Dann dürften wir ja rein theoretisch in jeder Hinsicht (innen wie außen) die Verneinung (*nein, nicht, das lehne ich ab* usw.) gar nicht mehr benutzen. Manche Menschen sind davon überzeugt und geben dies als »Lehrer« auch so weiter, dass alles, was verneint wird, dadurch erst recht angezogen werde. Bedeutet das dann aber nicht, dass wir zu allem »Ja und Amen« sagen müssten? Und mit welchem Hintergedanken wäre dies gewollt? Ist es eine weitere Manipulation, im positiven oder negativen Sinne?

Ich selbst bin davon überzeugt, dass es nicht stimmt, dass das Unterbewusstsein die Verneinung nicht kennt. Ein Beispiel: Jemand lehnt kategorisch Geld ab, müsste derjenige dann nicht regelrecht in Geld schwimmen? Allein die Tatsache, dass wir mit einem freien Willen ausgestattet und freiwillig hier auf der Erde sind, zeigt doch, dass wir die Wahl haben, ja oder nein zu sagen. Warum sollte unser Schöpfer uns auch dazu zwingen, immer wieder herzukommen?

Überdies gibt es ja zu jedem Aspekt ein Gegenstück (das Gesetz der Entsprechung) wie zum Beispiel *klein – groß, dick – dünn, ja – nein* usw. Das eine kann gar nicht ohne das andere SEIN!

»Nein« ist ein kompletter Satz, der keinerlei Erklärung bedarf, Nein ist Nein, so wie Ja *Ja* ist! Durch die Verneinung zeige ich unter anderem Menschen in meinem Umfeld, wie weit sie mir gegenüber gehen können, ich zeige ihnen damit ihre Grenzen auf. *Nein* bedeutet überdies, dass ich weiß, was ich möchte und was ich nicht möchte. *Nein* gehört zudem genauso wie *Ja* zum ABC …

Achte mal darauf, wie ernst es dir außerdem mit deinem Nein oder deiner Ablehnung wirklich ist, wenn du *Nein* fühlst, aber *Ja* handelst und umgekehrt. Ob dein Fühlen und dein Denken damit übereinstimmen. Stimmt beides nicht überein, dann lässt es dich zu der Erkenntnis gelangen, dass bei dir etwas nicht im Einklang ist, hat aber nach wie vor nichts damit zu tun, dass du verneinte Dinge und Situationen in dein Leben ziehst. Wie viel deiner Aufmerksamkeit du dem zuteilwerden lässt, was du da ablehnst und verneinst. Auch hier gilt die Gesetzmäßigkeit, dass Energie immer der Aufmerksamkeit folgt, die ihr zufließt. Deshalb nicht der Verneinung und der Ablehnung durch dich *selbst*, sondern deiner Gedanken und somit deiner Energie der Aufmerksamkeit. Dadurch ziehst du wirklich diese

Dinge trotz Nein in dein Leben.

Ein weiterer Grund, warum du so manches trotz energischer Ablehnung in dein Leben ziehst: Es ist dir so bestimmt. Anstatt dich dagegen zu wehren und anzukämpfen, nimm es als dir so bestimmt an und du wirst erkennen, dass es halb so »schlimm« für dich ist, seien es nun Veränderungen in Bezug auf einen Arbeitsplatzwechsel, ein Umzug oder das Ende einer Beziehung. Mit Ja verhält es sich übrigens genauso. Nur weil du dies und das willst und möchtest, manifestierst du es noch lange nicht. Da gehört auch hier schon noch ein wenig mehr dazu.

Wer auch immer dir das mit der Verneinung einreden möchte und sich dabei auf die Hermetischen Gesetze beruft, der hat diese nicht wirklich verstanden.

PS: Ist das angelernte Wissen, das in der 3D-Welt erworbene Wissen, zum Beispiel Astrologie, Numerologie usw., wirkliches oder doch eher angeeignetes Wissen? Wahres Wissen, sind das nicht die von jedem Einzelnen von uns gesammelten und erlebten Erfahrungen? Deswegen sind wir ja schließlich hier, der Erfahrungen wegen. Werten dann die, die davon überzeugt sind, mehr zu wissen, nicht über andere? Wissen ist nicht gleich Wissen. Zwischen angelerntem/erworbenem Wissen und persönlichen Erfahrungen (wahrem Wissen) liegen Welten.

»Wer von beiden ist nun der Wissende
und wer der Unwissende?
Der Weise, der glaubt, allwissend zu sein,
oder der Tor, der weiß, dass er nichts weiß?«

27. Affirmationen und Glaubenssätze

uch diese können dir bei deinem Bewusst-Sein-Werden sehr hilfreich sein. Im Folgenden eine kleine Auswahl meiner eigenen. Du kannst dich davon sehr gerne inspirieren lassen, um deine eigenen Affirmationen zu kreieren, und dabei sind deiner Kreativität absolut keine Grenzen gesetzt. Viel Spaß dabei …

- Ich bin eins mit dir, Vater.
- Ich bin reine Liebe, reines Licht und reine Energie.
- Ich bin deine wundervolle und wunderbare Gegenwart und Anwesenheit, Vater.
- Ich bin ein strahlendes Licht-Energie- und göttliches Wesen.
- Ich bin Geist. Ich erschaffe Materie und herrsche über Materie.
- Ich bin ein machtvoller Visualisierer und Manifestierer.
- Ich bin eins mit meinem Körper, meinem Geist, meiner männlichen und weiblichen Kraft.
- Ich bin das *Ich bin*.

- Ich bin das *Selbst*.
- Ich bin eins mit dem Universum.
- Ich bin eins mit allem.
- Ich bin Güte, Wärme und Harmonie.
- Ich bin Stille, Ruhe und Frieden.
- Ich bin Glaube, Vertrauen, Hoffnung, Weisheit und Wissen.
- Ich bin Geduld und Beharrlichkeit.
- Ich bin frei.
- Ich bin in meiner Mitte.
- Ich bin ganz und heil.
- Ich bin erwacht in meiner Göttlichkeit.
- Ich bin verbunden mit der Quelle meiner göttlichen Macht.
- Ich bin Schöpfer und Meister meiner Welt.
- Ich bin Fülle und Reichtum.
- Ich bin strahlende Gesundheit.
- Ich bin mein vollkommenes Hören und Sehen.
- Ich bin Dankbarkeit und Demut.
- Ich bin Vergebung und Verzeihung.
- Ich bin Wahrheit und Wahrhaftigkeit.
- Ich bin frei von allen Ängsten, Sorgen, Zweifeln und Schmerzen.
- Ich bin frei von allen Feindseligkeiten, Wut, Hass, Neid und Eifersucht.
- Ich bin Freude und Glückseligkeit.
- Ich bin in Frieden und Harmonie mit mir *selbst*, mit dir, Vater, und allem, was lebt.
- Ich bin frei von allen Begrenzungen, Beschränkungen und Barrieren.

Sehr wichtig, wenn du damit beginnst, deine eigenen Glaubenssätze zu kreieren: Beginne immer mit ICH BIN. Alles, was du hinter diese beiden mächtigsten Worte im gesamten Universum setzt, wird SEIN. Durch ICH BIN stellst du den »IST-ZUSTAND« her. Habe dabei Geduld, wie alles ist auch dies ein Prozess, ein Vorgang; dieser braucht seine Zeit und du wirst sehen und fühlen, wie sich deine Affirmationen manifestieren, im INNEREN und ÄUSSEREN. Du wirst dazu aber auch entsprechend ins Handeln gehen müssen und das wirst du auch ganz gewiss tun, ohne dabei jegliche Form von Zwang zu verspüren. Ich spreche aus meinen Erfahrungen: Dein Handeln, um deine Affirmationen und Glaubenssätze zu manifestieren, wird dir mit der Zeit sehr viel Freude bereiten.

Hierbei ist nicht das Streben nach materiellen Dingen, zum Beispiel ein Auto, ein Haus und Geld (das alles kannst du nicht SEIN) der Sinn und Zweck dieser Affirmationen, sondern die des inneren Reichtums und der Fülle. Sie dienen dem Bewusst-Sein-Werden. Von dem Ort, von dem aus wir nach hierher kommen, spielt Materialismus keine Rolle. Denn dieser ist für Wertung und Trennung (hast du, was bist du was) in vieler Hinsicht verantwortlich. Davon haben wir schon zur Genüge hier auf der Erde. Ist dir Materialismus in diesem Leben bestimmt, dann wird er dir auch zuteil. Dies setzt aber voraus, dass du selbst erkennst, dass dir Fülle und Reichtum in materieller Hinsicht bestimmt sind, und dass du dementsprechend auch handelst, um sie zu manifestieren. Aber warum etwas materialisieren wollen, was du letztendlich eh nicht mitnehmen kannst? Deine Aufmerksamkeit darauf zu verwenden bedeutet, sie zu verschwenden.

ICH BIN – Om Shanti

Um dir kurz zu erläutern, warum ICH BIN so wichtig ist beim Kreieren deiner Glaubenssätze und es die beiden mächtigsten Worte im gesamten Universum sind:

Ihr Ursprung liegt in dem Laut *Om*. *Om* ist der erste Laut, das erste Wort überhaupt, und ist entstanden, als das UR-Bewusstsein selbst (unser Schöpfer) entstanden ist. *Om* bedeutet ICH BIN (mir meiner *selbst bewusst*). Somit ist mit dem Bewusst-Sein-Werden (wenn du es so betrachten möchtest) bei der »Geburt« unseres Schöpfers zugleich das Universum entstanden.

Om Shanti bedeutet: ICH (Seele/DU) BIN EINS mit meinem Geist und meinem Körper. Das ist wahre Heilige Dreifaltigkeit, die Einheit aus Seele, Geist und Körper.

28. Vorwort zu meiner zweiten Wanderung vom 25.02.-12.03.2017

Das Zeichen dazu, mich auf die nächste Etappe meiner eigenen Reise zu mir *selbst* zu begeben, bekam ich am Morgen des zweiten Weihnachtstages wieder in Form einer Eingebung, wie schon beim ersten Mal: Es sei an der Zeit, mich darauf vorzubereiten.

Der Zeitpunkt loszugehen fiel auf den 25.02.2017, also noch während des Winters und aus einem für mich selbst noch nicht ersichtlichen wichtigen Grund.

Die Strecke steht auch schon fest, von Donauwörth (es war ja für meine erste Etappe das Ziel im Außen) nach Lindau am Bodensee am 10.03.2017. Im Ganzen bin ich fünfzehn Tage unterwegs, und das ca. 300 Kilometer. Genauso wie schon vor meiner Etappe vom 03.10.-14.10.2016 ist mein Körper in einer »Vorreinigung« (erkältet), ohne dass ich mich wirklich krank fühle, deshalb eine »Vorreinigung«. Auch das fast exakt sechs Wochen vor Reisebeginn. Warum ich mich auf diese Reise begebe? Um manch angefangene Dinge zu

Ende zu führen oder zumindest voranzutreiben. Sie ist mir wie schon die erste Reise bestimmt und somit Teil meines Seelenplanes, dessen ich mich immer häufiger entsinne. Schließlich habe ich ihn ja selbst, gemeinsam mit meinem Schöpfer, verfasst. Alles verläuft weiterhin nach Plan, nach meinem Seelenplan. Es ist viel seit der letzten Reise geschehen, ICH BIN ist weiter geschehen. Diese Etappe verhilft mir dazu, meinem Ziel, vollkommen ich *selbst* zu sein, noch näher zu kommen, es letztlich zu erreichen. Das Ziel bin nach wie vor ich *selbst* als Bewusst-Sein. Das Ego weiter weichen zu lassen und dadurch mehr Raum für mich *selbst* zu schaffen. Und dies wie bisher in Ruhe, in Stille, in Frieden und in Harmonie.

Auch die hierbei offenbarten Selbsterkenntnisse fließen wieder in die Erfüllung meiner Bestimmung als Lichtarbeiter mit ein. Auch bei dieser Etappe auf meiner eigenen Reise zu mir *selbst* wird mir wieder jede Form von Unterstützung und Hilfe durch meinen Schöpfer und meine Geschwister zuteil, meiner göttlichen kosmischen Familie. Dessen bin ich mir auch gegenwärtig wieder vollkommen sicher. Ich freue mich schon sehr darauf, wenn es im wahrsten Sinne des Wortes losgeht und ich wieder unterwegs bin.

Beweisen muss ich mir auch bei diesem Unterwegssein nichts. Bei dieser Witterung geht es darum, meine zum Teil noch vorhandenen eigenen Grenzen, Beschränkungen und Barrieren weiter zu überschreiten, sie gänzlich oder zumindst so weit einzureißen, wie es mir bestimmt ist, dies zu tun, um noch mehr eins zu werden mit meinem Körper. Ihn noch besser und klarer zu verstehen, wenn er mit mir kommuniziert. Dadurch mein eigenes metaphysisches Wissen wieder hervorzuholen, es mir zunutze zu machen beim Bewusst-Sein-Werden und letztendlich bei der Erfüllung meiner Bestimmung als Lichtarbeiter, es als eines meiner vielen »Werkzeuge« so zu gebrauchen, wie es mir mitgegeben ist.

Mein Cousin sagte mit einem Blick auf mein Gepäck zu mir, dass ich dieses Mal aber viel zum Mitschleppen hätte. Mag sein, dafür trage ich auch wesentlich weniger Last in mir *selbst* mit. Das macht die Last im Außen, auf meinen Schultern und auf meinem Rücken doch um einiges erträglicher.

Die Route gabelt sich nach Augsburg. Ich habe mich intuitiv für die westliche entschieden und dann der Sonne nach Süden folgend. Mit dem Untergang der Sonne im Westen endet etwas Altes (der Tag), und Neues (die Nacht) kann beginnen.

Die Abstände verkürzen sich, in denen ich die Dinge manifestiere, die mir bestimmt sind. Für die Vorbereitung der ersten Reise benötigte ich ca. ein Jahr und für diese gerade mal einen Monat. Und auch hier weise ich darauf hin, dass dies nach meinem Empfinden nicht auf den Lichtkörperprozess zurückzuführen ist. Mir sind auch finanzielle Mittel von meiner göttlichen kosmischen Familie vorhergesagt.

Einige meiner Kapitel für dieses Buch sind erst nach der Reise vom 03.10.2016 entstanden. Auch diese zweite Etappe war sehr wichtig im Hinblick auf mein Buch. Ohne meine Reisen wäre es erst gar nicht entstanden.

29. Reisebericht zu meiner zweiten Wanderung

25.02.2017 / 1. Tag | Donauwörth – Kloster Holzen

Mein Tagesziel für heute habe ich am frühen Nachmittag erreicht. Dort gab es erst einmal Kaffee und Apfelstrudel. Das Wetter ist einfach fantastisch, blauer Himmel, Sonne pur und angenehme 8°. Perfekt zum »Unterwegssein«. Die Last auf meinem Rücken und meinen Schultern (mein Rucksack) trägt sich wahrlich sehr viel leichter als bei meiner ersten Reise (03.10.-14.10.2016). Auf dieser Reise und auch in der Zeit danach hatte ich mich von fast allen inneren Lasten befreit.

Gleich am ersten Tag hatte ich die Gelegenheit, mich mit sehr freundlichen Menschen zu unterhalten. Als Lagerplatz für die kommende Nacht ist mir ein kleine Lichtung am Waldrand bestimmt. Nachdem ich mein Zelt aufgestellt hatte, lernte ich Kai kennen, der auf dem Weg zu seinen Bienenvölkern war. Wir hatten ein sehr langes Gespräch, in dem es unter anderem um Manipulation und Beeinflussung durch die Medien ging.

Auch über die »Neue Weltordnung« haben wir uns sehr intensiv ausgetauscht. Ich war doch sehr überrascht, wie gut Kai darüber schon informiert ist – dass er jemand ist, der bereits damit begonnen hat, »wach« zu werden, wie mir im weiteren Verlauf unseres Gespräches bewusst wurde. Jemand, der sich aufgemacht hat auf seine Reise zu sich selbst, wenn auch noch in vielerlei Hinsicht unbewusst. Der angefangen hat, Licht in die eigene »Dunkelheit« zu bringen.

Ich hatte es mir bereits in meinem Schlafsack bequem gemacht, als ich jemand »Hallo!« rufen hörte und sich meinem Zelt nähern sah. Es waren die Cornelia und der Alfons, die unweit meines Lagerplatzes wohnten und wissen wollten, was mich dazu bewog, die Nacht im Freien zu verbringen. Nachdem ich ihnen darauf geantwortet hatte, luden die beiden mich für den nächsten Morgen zu sich nach Hause zum Frühstück ein!

So endete der erste Tag durchweg positiv und mit dem Wissen um ein ordentliches Frühstück und die Möglichkeit, weitere freundliche und hilfsbereite Menschen näher kennenlernen zu dürfen.

26.02.2017 / 2. Tag | Kloster Holzen – Biberbach

Der Schlafsack und die Isomatte haben die letzte Nacht warmgehalten, und das bei Temperaturen unter null.

Nach dem Zusammenpacken, das Zelt ließ ich noch bis nach dem Frühstück stehen, um es in der aufgehenden Morgensonne trocknen zu lassen, bin ich der Einladung vom Vortag gefolgt. Cornelia erwartete mich bereits und Anton kam auch schon gleich mit frischen

Semmeln vom Bäcker zurück. Es wurde ein sehr ausgiebiges Frühstück, weil wir uns angeregt über spirituelle Themen unterhielten. Meine beiden Gastgeber waren beide sehr offen und empfänglich dafür. Wie mir gleich bewusst wurde, war ich als Lichtarbeiter zu Gast und eben auch als ein solcher »tätig«. Mir wurde nach dem Beenden des Frühstückes noch die Möglichkeit zur Morgentoilette geboten. Cornelia war so freundlich, mir meine beiden Wasserflaschen mit Wasser und selbst gepresstem Apfelsaft zu befüllen. Mit Proviant wurde ich auch noch in Form einer Konserve Leberkäse und frischem Brot versorgt. Nach der recht herzlichen und mehrmaligen Verabschiedung von den beiden ging ich erst zurück zum Zelteinsammeln und dann im Wechsel durch kleine Ortschaften, über Feldwege und durch den Wald nach Biberbach.

Dort im Gasthaus habe ich dann die Sandra kennengelernt, die mich freundlich zu sich an den Tisch bat. Auch wir beide waren nach kurzer Zeit in ein Gespräch vertieft, in dem es um Spiritualität ging. Nur so viel zum Gesprächsinhalt: Ich war an diesem Tag zum zweiten Mal als Lichtarbeiter am Werk. Sandra war rasch bewusst, dass es kein Zufall war, dass wir beide uns kennengelernt hatten. Als Lichtarbeiter bin ich nicht ortsgebunden, der bin ich zu jeder Zeit und an jedem beliebigen Ort. Um an meinen Schöpfer zu glauben, bedarf es ja keines festen Platzes (Kirchen, Moscheen, Tempel).

Nach dem gemeinsamen Mittagessen haben mich die Sandra und ihr Hund Felix noch ein Stück auf meinem

Weg aus Biberbach begleitet. Meinen Lagerplatz für die Nacht schlug ich wieder am Waldrand auf, mit Blick auf Biberbach. Unweit meines Zeltes stand eine kleine Waldhütte innerhalb einer Einzäunung, deren Besitzer, sein Sohn und sein Enkel, sogar anwesend waren. Mir wurde, gleich nachdem wir einander vorgestellt hatten, angeboten, die Toilette zu benutzen und mir ein Lagerfeuer zu machen. So endete auch dieser Tag mit Positivem, mit weiteren schönen Begegnungen und Hilfsbereitschaft.

Mir wird, seit ich mich auf meine eigene Reise zu mir *selbst* gemacht habe, sehr viel Hilfe auf jede erdenkliche Weise zuteil. Ich nehme jede Hilfe, die mir angeboten wird, an, dafür ist sie schließlich da.

Auf dieser Etappe bin ich dieses Mal definitiv als Lichtarbeiter unterwegs, das ist mir heute bewusst geworden. Somit die erste Erkenntnis.

27.02.2017 / 3. Tag | Biberbach – Gersthofen

Den gestrigen Abend habe ich dann an einem lauschigen Lagerfeuer ausklingen lassen. Die letzte Nacht war mit längeren Schlafphasen gesegnet, im Gegensatz zur ersten Nacht. Bei Sonnenaufgang bin ich dann los bis nach Gablingen, dort gab es Frühstück, bevor mich mein Weg weiter nach Gersthofen führte. Hier in Gersthofen habe ich mich in einem kleinen Gasthof mit sehr spartanisch eingerichteten Zimmern einquartiert. Aber es ist sehr sauber. Eine Dusche war nötig und meine Kleidung habe ich per Handwäsche etwas aufgefrischt. Den Nachmittag habe damit verbracht, es mir schlichtweg gut gehen zu lassen. Dabei habe ich einem älteren Herrn meine Aufmerksamkeit geschenkt, um mir seine Geschichte (seinen Lebensweg) anzuhören. Ohne dass ich viel darauf erwiderte – einfach nur zuhören geht auch ganz gut.

Ein junger Vater begegnete mir, der mit seinem zweijährigen Sohn Mitmenschen angesprochen hat, um diese um etwas Geld zu bitten; die beiden habe ich eine ganze Weile lang dabei beobachtet. Beide haben sich einen Apfel geteilt, der dem Kleinen hin und wieder aus seiner kleinen Hand auf die Erde fiel. Sein Vater hat diesen Apfel an seinem Hosenbein abgewischt, sodass sein Sohn ihn weiteressen konnte. Jemand, der keinen Hunger hat, isst einen solchen Apfel nicht weiter, sondern entsorgt ihn im Müll, so häufig, wie er auf der Erde lag. So leicht ist es doch zu erkennen, ob jemand wirklich auf Hilfe angewiesen ist. Man braucht nur etwas genauer hinzusehen.

Mir fiel an den vielen Passanten, die der junge Mann angesprochen hat, auf, wie wenige bereit sind zu geben (zu teilen) und wie viele dazu nicht bereit sind, regelrecht wegschauen. Ich urteile weder über die einen noch über die anderen, ich beobachte es nur und nehme wahr. Ein Teil meiner Reisekasse wechselte an diesem Nachmittag den Besitzer. Etwas später kamen Vater und Sohn und setzten sich zu mir auf die Bank, auf der ich saß und das Ganze beobachtete. Seine Geschichte hörte ich mir ebenso an wie schon zuvor die des älteren Herrn.

Den Nachmittag damit zu verbringen, meine Mitmenschen zu beobachten, schulte meine Wahrnehmung weiter, zeigte auch, wie weit diese bereits wieder hervorgetreten war. Nimm dir doch auch die Zeit und beobachte deine Mitmenschen und deine Welt um dich herum. Beginne deine Wahrnehmung und Achtsamkeit wieder hervortreten zu lassen. Übung macht den Meister. Es sind zwei von vielen Teilen deiner eigenen Meisterschaft, hin zum *Bewusst-Sein-Werden*.

Dass ich meine Mitmenschen beobachte, geht schon über einen längeren Zeitraum so, und das bei jeder sich bietenden Gelegenheit. Wie ein Mensch handelt und auch, wie er nicht handelt (untätig ist), spricht wahre Bände. Viele lachen, dennoch ist es oft ein aufgesetztes und gequältes Lachen oder Lächeln, denn ihre Augen sprechen eine ganz andere Sprache. Keine Freude, kein Glanz, kein Leben sind darin enthalten. Stattdessen Leid, Schmerz, Enttäuschung, Sorgen, Trauer usw. Unsere Augen gehören zu den vielen Kommunikationsmitteln, mit denen wir ausgestattet sind. Über sie können wir eine große Menge an Informationen nach außen transportieren und viele von uns sind sich dessen überhaupt nicht bewusst, dass sie dies permanent tun. Es ist deshalb so interessant für mich, meine Mitmenschen zu beobachten, weil ich diese Kommunikation, die durch die Augen stattfindet, lesen kann und auch zu deuten weiß. Ich kann darin lesen, wie es in demjenigen hinter der »schönen Fassade« tatsächlich aussieht. Manche haben sehr viel zu erzählen, doch niemand ist da, der ihnen zuhört. Andere rufen förmlich über ihre Blicke um Hilfe.

Es heißt ja, dass die Augen der Spiegel und das Tor zur Seele und somit zu uns *selbst* sind. Das ist absolut stimmig so.

28.02.2017 / 4.Tag | Gersthofen – Oberschönfeld

Gestern Abend war einer meiner letzten Gedanken, mir am nächsten Morgen noch Portionsbutter zu kaufen, weil ich ja noch die Konserve von Cornelia und Anton mit mir trug. Am bereits gedeckten Frühstückstisch (das Frühstück war sehr reichhaltig) löste sich das mit der Butter in Wohlgefallen auf. Von der waren gleich sieben Portionen beim Frühstück dabei. Die Butter war dann auch der Anlass, dass ich mit dem Wirt ins Gespräch kam und ihm die Geschichte mit der Butter schilderte. Er sagte dazu, dass eins zum anderen kommt und dass es keine Zufälle gibt. Wie recht er damit doch hat. Im weiteren Verlauf unserer Unterhaltung war ich an diesem Tag zum ersten Mal als Lichtarbeiter damit beschäftigt, meine Bestimmung zu erfüllen. Am Schluss war Michael noch bereit, meine Flyer bei sich im Gasthof auszulegen. Gut, dass ich zusätzlich zu meinen Visitenkarten noch einige meiner Flyer dabeihatte. Zur »richtigen Zeit« wieder die »richtige« Entscheidung getroffen.

Er wünschte mir noch eine weiterhin positiv verlaufende Reise und gab mir noch etwas mit auf meinen Weg: dass es schön sei zu wissen, dass es Menschen wie mich gibt, die andern dabei helfen, Licht in das »Dunkle« zu bringen. Ein weiterer Bruder auf meiner Reise, bei dem es begonnen hat zu »dämmern«.

Auf dem Weg nach Augsburg bin ich dann dem Michael, einem Afghanistan-Heimkehrer, begegnet. Sein Schäferhund war der Grund, warum wir ins Gespräch kamen. Michael begann sich mir gegenüber rasch zu öffnen und berichtete mir von seinen Erlebnissen während des Krieges. In vielen Gefechten sei er gewesen und einige Male im Konvoi angesprengt worden. Nach zwei Jahren ist er immer noch krankgeschrieben und in »Behandlung«. Sein Hund sei ihm eine große Hilfe und gäbe ihm viel. Eine Form der »Selbsttherapie«. Auch hier, ohne weitere Details zu erwähnen. Auch für Michael war ich der Lichtarbeiter.

Zu Gast war ich für die kommende Nacht im Kloster Oberschönfeld. Das absolute Gegenteil in jeder Hinsicht zum Kloster St. Walburga in Eichstätt im Herbst 2016. Ich bin hier sehr freundlich empfangen und auch aufgenommen worden von Schwester Maria, die mich gleich zu meinem Zimmer führte und mir die Dusche und den Speisesaal zeigte. Ich habe mich noch ein Weilchen mit ihr unterhalten, unter anderem schilderte ich ihr meine Erfahrungen im Kloster in Eichstätt. Sie hat mit sichtbarer Fassungslosigkeit reagiert. Bei Kaffee und Krapfen von einer anderen Ordensschwester darauf angesprochen, ob ich dem katholischen Glauben angehöre, was ich verneinte, hatte auch niemand ein Problem damit.

Das Wetter an diesem Tag: zu Beginn Schneeregen, der aber schon bald wieder vorüber war und kurz vor meiner Ankunft hier im Kloster wieder einsetzte. Meine Ausrüstung erfüllt ihren Zweck bisher sehr gut und zuverlässig. Meine Körper hat sich seit Samstag auch zum ersten Mal bei mir gemeldet. Der linke Knöchel und das rechte Knie schmerzen leicht. Ich interpretiere aber in diese Schmerzen nichts hinein; nach gut dreißig Kilometern, davon größtenteils auf Asphalt (allein schon die Strecke durch das Stadtgebiet von Augsburg), darf mein Körper sich völlig zu Recht bei mir melden. Ich habe ihn ja nicht zum Schweigen verdonnert. Für heute hat es ihm schlichtweg gereicht.

Zu einer weiteren Selbsterkenntnis gelangte ich nach diesem Tag: dass ich mir durch mein »Unterwegssein« auf dieser Etappe den letzten »Schliff« als Lichtarbeiter verpasse. So ist mein Empfinden und dass nun noch die »Politur« folgt – und das tut sie ganz gewiss.

Mir ist noch etwas hier an diesen Kloster aufgefallen: dass hier eine völlig andere Atmosphäre herrscht als in Eichstätt; hier ist es liebe- und lichtvoller. Die Zimmer und auch die Klosterschwestern strahlen dies auch aus. Abendessen gab es auch noch und schon bei meiner Ankunft Kaffee und Gebäck. In St. Walburga bin ich auf meine Frage hin, ob ich mir vom Frühstück etwas für unterwegs mitnehmen könne, schief angesehen worden. Beide Klöster gehören derselben Konfession an und dennoch unterscheiden sie sich in Bezug auf Hilfsbereitschaft. Hier war ich Gast der Ordensschwestern (kostenlos) und in Eichstätt zahlender Kunde (zur Erinnerung: dort habe ich zweiundvierzig Euro zahlen müssen, die ich erst, als ich wieder in Regenburg war, überwiesen habe. Ich war ja nur mit dem nötigsten Barfeld und ohne EC-Karte unterwegs). Lebt jeder Orden denselben Glauben auf unterschiedliche Weise? Offensichtlich verhält es sich so. Eine weitere Erfahrung, die ich in Bezug darauf machen konnte, und so habe ich beides kennengelernt.

01.03.2017 / 5. Tag | Oberschönfeld – Ziemetshausen

Nach dem Frühstück und der herzlichen Verabschiedung von Schwester Maria bin ich aufgebrochen zu meinem heutigen Ziel nach Ziemetshausen. Das Wetter war trocken, aber ein starker und kalter Wind wehte. Kurz vor Mittag kam ich in Fischbach an. Dort kehrte ich in eine Bäckerei ein, um mich mit Kaffee und Kuchen zu stärken. Mein Körper verlangt nach Kohlenhydraten, über Fettreserven verfügt er selbst, was nicht bedeuten soll, dass er übermäßig fett ist. Wofür es doch gut ist, ein gewisses Maß an Speck auf den Hüften und den Rippen zu tragen! Selbst das hat seinen Sinn und Zweck.

Es dauerte auch hier nicht lange und ich war mit Andrea, der einzigen Verkäuferin im Laden, im Gespräch. Auch ihr war ich als Lichtarbeiter bestimmt, dabei zu helfen, Licht in ihre »Dunkelheit« zu bringen, ihr beim Finden von Antworten behilflich zu sein, warum und wieso das eine oder andere Ereignis und Erlebnis auf ihrem bisherigen Lebensweg stattgefunden hat. Ein sehr interessantes Gespräch, weil bei jedem ein anderer, so wie ich es bezeichne, »Schicksalsschlag« oder »Weckruf« der »Auslöser« ist, sich auf die Reise zu sich *selbst* zu begeben. So auch bei Andrea, ihr »Schicksalsschlag« war mir bewusst, ohne dass sie mir diesen vorher mitgeteilt hatte! Ich habe es gefühlt und auch »gesehen«. Sie war sehr interessiert und neugierig, hat immer wieder Fragen gestellt, die ich Andrea auch alle beantworten konnte. Wie allen anderen auch, habe ich Andrea die gleiche Frage gestellt: ob sie ihren Schöpfer um Hilfe gebeten hat. Ja, das habe sie. Als ich ihr darauf antwortete, dass ich *selbst* diese Hilfe sei, war ihr gleich bewusst, dass unser Zusammentreffen kein Zufall (an Zufälle glaubt sie ebenso wenig) war. Dass es so bestimmt war. Andrea war dann auch so freundlich, im Laden ein paar meiner Flyer auszustellen.

Weiter ging es dann Richtung meines Tageszieles. Auf dem Weg dorthin ist mir doch glatt das Gleiche widerfahren wie bereits im Oktober 2016: Ich habe mich im Wald verfranzt. Mein einziger Gedanke: »Vater, du sendest mir sicher gleich jemand, der mir den Weg weist.« Keine zwei Minuten später kam dann auch inmitten des Waldes ein schon etwas älterer Herr mit seinem Auto des Weges. Du liest richtig, er war mit seinem Auto im Wald unterwegs! So (k)ein Zufall …

Er war dann gleich so freundlich und bot mir an, mich mitzunehmen und dorthin zu fahren, wo es vorgesehen war, wieder aus dem Wald hervorzutreten. Nach seiner Aussage war die Wegführung an dieser Stelle sehr irreführend und ich sei nicht der Erste, den er an dieser Stelle aufgesammelt habe. Anscheinend ist er immer dann zur richtigen Zeit am rechten Ort, wenn jemand wie ich dort vom Weg abkommt! Am besagten Ort, dort, wo ich ursprünglich den Wald wieder verlassen wollte, bat er mich noch um meine Handynummer. Kurz nachdem wir uns voneinander verabschiedet hatten, wurde mir klar, warum er mich darum gebeten hatte. Ich bemerkte, dass mir mein Routenplaner aus meiner Jackentasche gerutscht war, und ich ahnte, dass er bei meinem »Wegweiser« im Auto lag. Bis Ziemetshausen waren es nur noch ca. zehn Minuten zu gehen, als bei meiner Ankunft dort auch schon mein Handy klingelte (dieses wollte ich ursprünglich gar nicht mit auf diese Reise nehmen). Mein »Wegweiser« war es, um mir zu sagen, dass ich in seinem Auto etwas vergessen hätte und er mir meinen Routenplaner nach Ziemetshausen bringen würde. Auch das dauerte nicht lange – nach etwa zehn Minuten sahen uns zum zweiten Mal an diesem Tag. Er fuhr mich dann sogar noch zu einem kleinen Hotel in der Ortsmitte und sagte mir, er werde sich über die nächsten Tage bei mir wieder melden, um sich nach meinem Wohlergehen zu erkundigen.

Im Hotel eingecheckt und geduscht, war ich ständig in Gedanken bei dem, was mir im Wald widerfahren war. Es dämmerte mir allmählich, wer mein »Wegweiser« in Wahrheit war: mein Schöpfer selbst. Ja, ich bin ihm an diesem Tag im Wald von Angesicht zu Angesicht begegnet. Dieser kleine alte Mann mit seinen schneeweißen Haaren und Bart, dazu diesen klaren blauen Augen und einer Ausstrahlung, wie ich sie nie zuvor bei jemand anderen gefühlt habe. »Er« hat sich tatsächlich noch einige Tage lange bei mir gemeldet und sich »persönlich« nach meinem Befinden erkundigt. Wobei »er« sich sicherlich dessen schon sehr bewusst war, dass es mir selbst sehr gut ging. »Er« hat eben Wort gehalten, indem »er« sich noch ein paarmal meldete. Als ich ihn darum bat, mir seine Adresse zukommen zu lassen, wollte er meiner Bitte auch nachkommen. Bis heute warte ich darauf und auf meine Anrufe kam von seiner Seite keine Reaktion mehr. Ich bin mir absolut sicher, dass sich unser Schöpfer jedem von uns auf eine andere Weise zeigt – wenn wir dazu bereit sind. Ich habe schon seit Längerem eine sehr klare und intensive Verbindung mit meinem Schöpfer. Er hat wohl befunden, dass es an der Zeit war, dass wir uns an diesem Tag in diesem Wald in Person gegenüberstehen. Das Gefühl um das Wissen, dass ich ihm begegnet bin, ist bis heute unbeschreiblich. In unserem Zusammentreffen ist eine sehr wichtige Botschaft für mich enthalten: dass ich stets behütet bin auf meiner eigenen Reise zu mir *selbst*, sodass ich meinen bisherigen Weg voller Zuversicht, im Glauben und im Vertrauen fortsetze. Mein Cousin, dem ich nach meiner Rückkehr von dieser für mich ganz besonderen Begegnung mit meinem Schöpfer erzählte, war zuerst skeptisch. Warum mein Schöpfer mir geholfen haben soll, wenn es doch Menschen gibt, wie z. B. in Kriegsgebieten, die seine Hilfe dringender benötigen würden? Meine Antwort darauf: Wir alle können mit der Macht unserer Gedanken bei mehreren Dinge gleichzeitig sein, dann kann unser Schöpfer dies erst recht, zeitgleich bei jedem Einzelnen von uns sein. Und er differenziert nicht nach Dringlichkeit, es gibt für ihn absolut keine Form der Differenzierung. Wir sind alle gleich, wir sind alle EINS.

Da es die letzte Nacht zu regnen begonnen hatte, startete ich auch am Morgen im Regen. Im Laufe des Vormittags riss der Himmel doch noch völlig auf, sodass ich meinen Weg bei Sonnenschein fortführte und das bei angenehmen 10°.

In Haselbach wollte ich mir um die Mittagszeit eine kurze Pause bei Kaffee und Kuchen gönnen. Die erste Einheimische, die ich gleich beim Betreten des Ortes antraf, verneinte auf meine Frage hin, ob es hier ein Café oder einen Bäcker gebe. Sie bot mir aber dann ihre Gastfreundschaft an und lud mich zu sich nach Hause zum Kaffee ein. Ich nahm beides sehr gerne und dankend an. Bei Ulrike zuhause lernte ich gleich auch noch ihren Lebensgefährten kennen. Bei einer Tasse Kaffee erzählte ich den beiden von meiner bisherigen Reise und auch, warum ich »unterwegs« bin. Meine Frage, ob es in Kirchheim eine kostengünstige Unterkunft gebe, ließ die beiden regelrecht aktiv werden. Es wurde telefoniert, aber ohne zufriedenzustellendes Ergebnis. Was aber kein wirkliches Problem darstellte, da ich ja aufgrund meiner Ausrüstung autark war. Ulrike bot mir dann an, mir ihre Handynummer zu geben, sodass ich mich bei ihr melden könne, falls ich nicht erfolgreich wäre bei der Suche nach einer festen Bleibe für die Nacht. Sie würde mich dann in Kirchheim mit ihrem Auto abholen und mich in Haselbach zu einer dort vorhandenen Privatunterkunft bringen. Wahnsinn, diese Hilfsbereitschaft, und das von Mitmenschen, denen ich völlig fremd bin …

Von Ulrike und ihrem Partner verabschiedete ich mich ebenso aufs Herzlichste und dankte ihnen für die enorme Hilfsbereitschaft. Wenige Minuten nachdem ich das Haus der beiden verlassen und mich wieder auf den Weg gemacht hatte, konnte ich die mir selbst zuvor zuteilgewordene Hilfsbereitschaft, zwar in anderer Form, weitergeben. Ich lief dem Postboten über den Weg und dieser sprach mich auf mein Gepäck an. Nach kurzer Erklärung meinerseits begann Hans mir zu erzählen, dass er und seine Frau im Sommer eine Radtour entlang der Mosel von Trier aus bis nach Koblenz machen. Dass ein Trier-Urlauber in seinem Heimatort ausgerechnet auf einen gebürtiger Trierer trifft: Dort bin ich in meinen Körper eingekehrt (geboren). Wie groß ist diese Wahrscheinlichkeit? Auch hier (k)ein Zufall. Meine Hilfsbereitschaft, die ich Hans zukommen ließ: Ich versorgte ihn mit allerhand nützlichen Tipps und Informationen in Bezug auf Trier, die Strecke bis nach Koblenz und zum benachbarten Luxemburg, denn dort sei es wesentlich günstiger zum Tanken. Er war sehr dankbar für meine Tipps und Informationen, die er sich auch notierte. Ihm gegenüber habe ich mich nicht im Geringsten als Lichtarbeiter zu erkennen gegeben, dennoch sagte er etwas Interessantes zu mir: »Du siehst die Welt mit völlig anderen Augen.« Man erkennt mich mittlerweile als mich *selbst*.

So, wie mir an diesem Tag geholfen wurde, konnte ich innerhalb weniger Minuten selbst helfen. Weil ich alles im Fluss halte, kommt auch alles zu mir zurück. Es ist ein ständiges Geben und Nehmen, und dies im Gleichgewicht. Durch dieses permanente Geben und Nehmen fließen mir all die Dinge zu, seien es materielle Dinge, finanzielle Mittel oder auch Menschen, die mir dabei behilflich sind, dass ich mein Ziel erreiche – ein vollkommenes Bewusst-Sein-Werden und die Erfüllung meiner Bestimmung als Lichtarbeiter. Aus meinen bisherigen Erfahrungen kann ich nur sagen, dass es blendend »funktioniert«, und es wird noch viel besser. Die intensive Arbeit der letzten beiden Jahre an mir *selbst* bringt immer häufiger Früchte hervor.

Mein Lager für die Nacht fand ich dann an einem kleinen See außerhalb von Kirchheim, nachdem ich dort noch ein verspätetes Mittagessen genossen hatte. Die kommende Nacht verbrachte ich im Freien im Zelt.

03.03.2017 / 7. Tag | Kirchheim – Babenhausen

Der heutige Tag begann, so wie der gestrige mit einem wunderschönen Sonnenuntergang geendet hatte: mit einem ebenso wundervollen Sonnenaufgang an diesem kleinen See. In der Nacht waren die Temperaturen wieder unter null gefallen und dennoch hatte ich es schön lauschig warm in meinem Schlafsack. Nach dem Zähneputzen und dem Zusammenpacken bin ich in Richtung der nächsten Ortschaft aufgebrochen, um mir ein Frühstück schmecken zu lassen. Aber dort angekommen, war die Möglichkeit dazu nicht gegeben, erst einen Ort weiter, so die Auskunft einer Radfahrerin. Auch hier wurde die Aussicht auf ein verspätetes Frühstück nicht erfüllt, der Bäcker hatte wegen Ferien seinen Laden geschlossen. Auf nach Kirchhaslach, der nächsten größeren Ortschaft, denn wie mir gesagt wurde, hatte die dortige Metzgerei offen. Mir fiel auf dem Weg ein, dass ich ja noch eine Scheibe Brot vom Frühstück bei Conni und Alfons übrig hatte. Da wurde mir gleich bewusst, warum ich diese Scheibe mittlerweile doch schon etwas härteren Brotes die ganze Woche über mit mir trug. Wie köstlich ein solches Brot schmeckt, wenn man Kohldampf hat! Dazu verdrückte ich noch die beiden letzten Müsliriegel.

In Kirchhaslach gab es die nächste »Überraschung«. So wurde mir von Theo und Renate, die ich, kurz nachdem ich in Kirchhaslach angekommen war, kennenlernte, gesagt, dass der Metzger schon geschlossen habe und erst ab 14.00 wieder geöffnet sei. Ich schilderte den beiden kurz, dass mir dies nun schon den ganzen Vormittag so ergangen sei: dass überall in den Orten, durch die ich auf meinem Weg hierher gekommen sei, die Läden geschlossen hatten. Über zwei Scheiben Brot würde ich mich sehr glücklich schätzen, da ich ja noch die Dose Leberkäse im Rucksack hatte. Daraufhin sagte die Renate, dass ich Brot von ihr haben könne. Aber es kam noch viel besser, Theo lud mich gleich zu ihnen nach Hause zum Essen ein. Wie ich mich gefreut habe über diese Hilfsbereitschaft! Eine zünftige Brotzeit und eine Halbe Bier wurden mir gereicht. Theo brach alsbald zur Spätschicht auf, sodass ich mit Renate allein war. Es dauerte auch nicht lange und schon waren wir in ein Gespräch vertieft, das zum Teil sehr emotional verlief. Nur so viel sei verraten: Ich war auch ihr der Lichtarbeiter. Mir selbst wurde noch während unseres Gespräches bewusst, dass das Zusammentreffen, vor allem mit Renate, der Grund war, warum meine Bemühungen um ein Frühstück am Vormittag erfolglos verlaufen waren. Ich wäre ihr sonst nie begegnet, es war so bestimmt. Dafür war unser Gespräch von Erfolg gekrönt. Es zog sich bis in den Nachmittag hin und mir wurden dabei noch Kaffee und Krapfen serviert.

Nachdem ich mich auf das Herzlichste bei Renate für ihre Gastfreundschaft bedankt hatte, brach ich zu meinem Tagesziel nach Babenhausen auf. Dort bin ich im Gästehaus eines sehr freundlichen Ehepaares eingekehrt, der Preis für die Übernachtung samt Frühstück war zu meiner Überraschung sogar verhandelbar und wir waren uns auch gleich einig. Mir wurde heißer Tee serviert und meine Wäsche zum Waschen abgenommen. Nachdem ich mich geduscht hatte, ging ich noch zum Supermarkt vor Ort, um mich mit neuen Müsliriegeln einzudecken.

Ich traf auch noch die Entscheidung, zwei Etappenziele zusammenzufassen. Ursprünglich hatte ich vorgesehen, von Babenhausen nach Boos zu gehen, da aber beides kurze Strecken sind (elf und fünfzehn Kilometer), fasste ich beide kurzerhand zu einer zusammen. Das Zusammenfassen der beiden kurzen Strecken war ein vorderscheiniger Grund, das wurde mir aber erst am Nachmittag des folgenden Tag auf dem Weg nach Memmingen bewusst.

Das erste Mal, seit ich »unterwegs« bin auf dieser Etappe, dass ich die Nacht durchgeschlafen hatte. Beim Frühstück war ich meiner Gastgeberin der Lichtarbeiter, die sich zu mir an den Frühstückstisch setzte. Elke hörte mir konzentriert und neugierig zu, wenn ich zu ihr sprach, und fragte auch immer wieder nach. Schließlich erkundigte sie sich, ob ich nicht Visitenkarten dabeihätte, die sie an ihre Gäste verteilen könne. Es kämen recht häufig Menschen, vor allem Frauen, die ebenso wie ich auch im Außen »unterwegs« seien auf der Suche nach sich selbst, zu ihr zum Übernachten. Wie Elke befand, sei ich als Lichtarbeiter genau der »Richtige« für diese »Reisenden«.

Ich kam ihrer Bitte nach Visitenkarten und zusätzlichen Flyern sehr gerne nach. Und wieder wurde mir die Hilfsbereitschaft eines meiner Mitmenschen zuteil, und das gleich nachdem ich selbst der Elke als Lichtarbeiter helfen konnte.

Es ist ein Geben und Nehmen. Immer häufiger fließen die Dinge gleich wieder zu mir zurück.

Auch von Elke und ihrem Mann verabschiedete ich mich dankend und bin dann nach Boos aufgebrochen. Dort legte ich dann meine Mittagspause in einer kleinen Bäckerei ein. Der Verkäuferin, mit der ich ebenfalls rasch ins Gespräch kam, war ich an diesem Tag ebenfalls als Lichtarbeiter bestimmt. Auch ihr wurde schnell bewusst, dass unser Zusammenkommen bei ihr im Laden kein Zufall war. Sie hatte sich, ebenso wie alle anderen auch, an ihren Schöpfer mit der Bitte um

Hilfe gewandt, die nun in meiner Person an einem ihrer Tische saß. Elke gab ich eine meiner Karten mit dem Hinweis, sich bei mir zu melden, wenn sie bereit sei, sich auf die Reise zu sich *selbst* zu begeben. Ich machte mich auf nach Memmingen.

Am frühen Nachmittag wurde mir bewusst, warum ich die Entscheidung am Vorabend getroffen hatte und Babenhausen – Boos zu einer Etappe zusammengefasst hatte. Denn inmitten des Waldes lernte ich Heike kennen, die mir dort entgegenkam. Bei ihr »sah« ich auf den ersten Blick, dass ich ihr dazu bestimmt war, der Lichtarbeiter zu sein. In der Tat stellte sich dies während unseres Gespräches heraus, das wir, kurz nachdem wir einander vorgestellt hatten, führten. Noch am gleichen Abend meldete Heike sich bereits wieder bei mir und dies tat sie auch in den folgenden Tagen. Zum Teil schrieben wir uns oder telefonierten miteinander.

Es ist doch immer wieder interessant für mich zu beobachten, was geschieht, wenn ich mich meinem Gegenüber als die von ihrem Schöpfer zu ihm gesandte Hilfe (Lichtarbeiter), um die der Betreffende ihn ja gebeten hat, zu erkennen gebe. Manchen ist es gleich bewusst und bei anderen kann ich regelrecht sehen, wie es langsam zu ihnen durchdringt. Jedes Mal zaubert es mir ein verschmitztes Grinsen ins Gesicht.

Ein älteres Geschwisterpaar, das ich etwas später ebenfalls in diesem Wald kennenlernte, versorgte mich, ohne dass ich die beiden darum gebeten hatte, mit Mineralwasser und Schokolade. Von ihnen wurde mir der Weg zu meiner in Memmingen bestimmten Unterkunft gewiesen: ein kleiner, aber feiner Gasthof, der von einer sehr gastfreundlichen Familie geführt wurde. Nach dem Duschen ließ ich mir eine große Portion Käsespätzle schmecken. Zur Vorspeise gab es Brot mit Griebenschmalz – köstlich.

Die Zeit zwischen all den Begegnungen an diesem sonnigen Tag verbrachte ich damit, meine ersten Seminare und auch geführten Wanderungen zu kreieren und zu visualisieren. Denn auf beides war ich nun schon zum wiederholten Mal angesprochen worden, aber unabhängig davon war mir schon länger bewusst, dass ich solche Seminare und Wanderungen abhalten würde. Dass ich darauf angesprochen wurde, war für mich die »Bestätigung« dafür, dass ich auch hier auf dem mir vorgegebenen Weg bereits »unterwegs« war.

Ein weiterer sehr fruchtbarer Tag neigte sich dem Ende entgegen. Wie schon die Tage zuvor, war ich sehr glücklich.

05.03.2017 / 9. Tag | Memmingen – Bad Grönenbach

Mit der Erfahrung des Losgelassenwerdens bin ich *selbst* schon sehr früh in meiner Kindheit als Elfjähriger in Berührung gekommen. Damals, als meine Mutter sich dazu entschlossen hatte, die Familie ohne Vorankündigung zu verlassen. Einen Zeitraum von annähernd sechsunddreißig Jahren habe ich gebraucht, zu einer für mich sehr wichtigen Erkenntnis zu gelangen: dass meine Mutter mit ihrer Entscheidung nicht aus Egoismus gehandelt hat, sondern für sich *selbst* eine wichtige und richtige Entscheidung getroffen hat, die für ihren eigenen weiteren Weg sicherlich wegweisend und ihr auch so bestimmt war. Meine Mutter hat ebenso wie wir alle, für sich *selbst* einen Seelenplan verfasst und niedergeschrieben. Über drei Jahrzehnte war ich gekränkt, enttäuscht, fühlte mich vor allem als Kind von ihr im Stich gelassen.

Dennoch habe ich in all dieser Zeit keine Wut oder gar Hass auf meine Mutter empfunden. So habe ich von Anbeginn an nicht empfunden, selbst als anderen Kindern aufgrund dessen, dass meine Mutter »weggelaufen« war, verboten wurde, mit mir zu spielen. Kannst du dir vorstellen, wie verletzend das damals für mich als Elfjährigen war? Aber meiner Mutter gegenüber war es eher ein Gefühl von Enttäuschung und Kränkung. Einige Jahre vor ihrer »Heimreise« (ihrem Tod) hatte ich bereits damit begonnen, mich mit ihr zu »versöhnen«, diesen Prozess aber noch nicht abschließen können. Dazu fehlte mir zu diesem Zeitpunkt noch das Bewusst-Sein, die Zusammenhänge zu erkennen und zu verstehen. Wie für alles andere auch bedurfte es dazu des *richtigen Zeitpunkts*.

Und eben der »richtige Zeitpunkt« dafür war nun gekommen, nämlich der heutige Tag, endgültig »Frieden« mit meiner Mutter schließen zu können, und dazu bedurfte es dieser *Selbsterkenntnis*. Ich befreite mich damit von meiner letzten Last im Inneren. Schon Wochen vor dieser Etappe meiner Reise zu mir *selbst* drängte diese Last immer häufiger aus dem Unbewusst-Sein ins Bewusst-Sein. Zu diesem Zeitpunkt war ich aber noch nicht bereit zum Loslassen. Unter anderem war diese Reise letztendlich dazu bestimmt, es nun tun zu können.

Wie ich im Vorwort geschrieben habe, diente mir diese Etappe auf meiner Reise dazu, Begonnenes zu beenden und anderes weiterzuführen: die tiefe und gründliche »Reinigung«, von der ich im Kapitel »Vergebung und Verzeihung« schreibe, abzuschließen – und dies hatte ich nun, am neunten Tag, getan.

Meiner Mutter bin ich sehr dankbar für ihre vor vielen Jahren getroffene Entscheidung, denn ohne diese hätte ich all meine Erfahrungen nicht machen können. Somit war ihre Entscheidung für mich ebenso wichtig und wegweisend. Sie haben mich zu dem werden lassen, der ich nun bin, zu mir *selbst*.

Der heutige Tag war für mich mit vielen intensiven Emotionen verbunden. Ich habe des Öfteren geweint, weil ich glücklich darüber war, dass ich das mit meiner Mutter auflösen und loslassen konnte. Ein für mich *selbst* weiterer wichtiger Schritt hin zum vollkommenen *Bewusst-Sein-Werden*. Es fühlt sich wahrlich befreiend und beglückend an.

Blicke ich nun auf das Geschehene zurück, gelange ich auch zu der Erkenntnis, dass es für mich selbst absolut nichts gibt, das es meiner Mutter zu verzeihen und zu vergeben gilt. Heute bewundere ich sie dafür, dass sie den Mut und die Kraft hatte, diese Entscheidung zu treffen. Ich freue mich jetzt im Nachhinein sogar für sie.

Ich liebe dich, Vater, und dich, Mutter, so, wie ich euch beide erlebt und erfahren habe.

Das ganze Thema ist noch aus einem weiteren Grund sehr wichtig für mich. Da ich zum letzten Mal hier bin (inkarniert) bin, bin ich am »Aufräumen« und dabei, »Ordnung« zu schaffen. Ich lasse nichts »Unerledigtes« mehr zurück.

Indem ich auch über meine Mutter ganz offen schreibe, möchte ich dich ermutigen, es mir gleichzutun: dich von allen Lasten zu befreien und im Frieden mit dir selbst und folglich auch mit deiner Außenwelt zu sein. Durch diesen Prozess des Auflösens, des Loslassens und des Befreiens transformierst du letztendlich all die zuerst scheinbar negativen Erfahrungen und Erlebnisse ins Positive um. Voraussetzung ist allerdings, dass du erkennst, dass es sich für dich *selbst* dabei um weitere Erfahrungen handelt und Lektionen, die es noch zu lernen gilt.

Etwas in Negatives zu verändern, dazu bedarf es nicht viel, es ist sogar relativ einfach. Oft reicht dafür ein Wimpernschlag, in dem ein einziges Wort ausgesprochen oder eine einfache Handlung ausgeführt wird. Hingegen Negatives in Positives zu transformieren, dazu bedarf es, wie ich aus eigener Erfahrung weiß, vieler Jahre. Manchmal braucht es sogar ein ganzes Leben. Wobei die »Zeit«, so wie wir sie als Menschen kennen, nicht wirklich eine große Rolle spielt, wichtig ist nur, *dass* man die Transformation schafft. Also mache dir vor allem selbst keinen Zeitdruck und lasse auch keinen von außen auf dich einwirken. Es setzt allerdings unter anderem die Bereitschaft voraus, sehr intensiv an sich *selbst* zu arbeiten. Ich bezeichne es als Seelenarbeit.

06.03.2017 / 10. Tag | Bad Grönenbach – Wiggensbach

An diesem Tag habe ich mich ausschließlich auf die Schönheit der Landschaft hier im Allgäu konzentriert. Am Morgen noch Sonnenschein und bei meiner Ankunft in Adegg setzte Schneefall ein. Die Nacht verbrachte ich auf einem kleinen Bauernhof in einem kleinen beheizten Gartenhäuschen, das sich aber beim Erreichen des Hofes als Haus erwies. Im Inneren war alles offen gestaltet und sehr geräumig. Mit Einbauküche, vier Betten, die oben auf einer Art Galerie untergebracht waren, und sogar einer Sauna. Mit meinem Gastgeber für diese Nacht, dem Johann, hatte ich auch noch einen kleinen Plausch, nachdem ich mich geduscht hatte und in frische Kleidung geschlüpft war. Dieser Tag endete mit einer Halben Weißbier.

07.03.2017 / 11. Tag | Wiggensbach – Weitnau

Nach dem gemeinsamen Frühstück bei meinen Gastgebern in ihrer Küche bin ich bei Dauerschneefall aufgebrochen. Es hatte die ganze Nacht hindurch kräftig geschneit. Ein weiterer, schon etwas länger gehegter Wunsch erfüllte sich heute: Wandern im Tiefschnee und durch verschneite Wälder. Aber es steckte noch mehr für mich dahinter, trotz dieser »erschwerten Bedingungen«, im Außen mein Ziel in jeder Hinsicht zu erreichen. Durch das Wandern im Tiefschnee verlangte ich meinem Körper einiges ab, ich brachte ihn heute an seine Grenzen, da der Weg überwiegend bergauf führte, und dies über Stunden. Es war schon sehr anstrengend, weil ich die gesamte Strecke von fünfundzwanzig

Kilometern bis auf zehn Minuten Pause durchgegangen bin. Ich habe meinen Körper dadurch warm gehalten, dass ich ihn in Bewegung hielt. Da oben schneite es nicht nur heftig, sondern es blies noch zusätzlich ein schneidender Wind. Die kurze Pause nutzte ich, um mir in Wiggensbach eine Unterkunft klarzumachen, was auch von Erfolg gekrönt war. Meine Gastgeberin bereitete daraufhin schon alles für meine Ankunft am Nachmittag vor. Trotz dieser körperlichen Anstrengung heute über viele Stunden bin ich sehr glücklich und im Frieden mit mir *selbst*. Heute noch mehr als zuvor.

Auch hier in Wiggensbach bin ich beim Erreichen meiner Unterkunft sehr freundlich empfangen worden. Mein Zimmer war seit meinem Anruf am Vormittag eingeheizt und diese Wärme und die der gleich folgenden warmen Dusche taten richtig gut. Nachdem ich meinem Körper eine Pause gegönnt hatte, bin ich nach Wiggensbach hinein aufgebrochen und habe die dortige Bäckerei aufgesucht. Hier dauerte es auch nicht lange, bis im Gespräch mit der Besitzerin war. Auch ihr war ich als Lichtarbeiter bestimmt. Mit den Bäckerei-Fachverkäuferinnen scheine ich es auf dieser Reise irgendwie zu haben.

Aber hier bei Claudia war etwas völlig anders, insofern, als ich ihre Geschichte schon kannte, bevor sie mir davon erzählt hatte. Auf dieser Etappe meiner Reise zu mir *selbst* hat sich einiges verändert. Unter anderem meine Wahrnehmung, ich *sehe* und *höre* nun nicht mehr nur die »Geschichte« (das Leben) meines Gegenübers, sondern ich fühle sie auch. Ja, diese Reise trägt

Tag für Tag neue Früchte.

Nachdem ich mit Kaffee und Kuchen fertig war und meine Unterhaltung mit Claudia beendet hatte, bin ich gleich in das gegenüberliegende Restaurant zum Abendessen gewechselt. Mein Körper verlangt vollkommen zu Recht nach Energie. Ein kroatischer Grillteller war sein Energielieferant, eine sehr große Portion. Dazu zwei alkoholfreie Weißbier. Für mich ist Bier kein Genussmittel, es dient mir in diesem Fall als schneller Energielieferant. Ich trinke keinen Alkohol mehr, wenn überhaupt, dann eben alkoholfreies Weißbier und dies zum Essen dazu. Somit stimmt es auch, dass Bier flüssiges Brot ist. Es ist aus Getreide gemacht und liefert Energie; die Mönche in den Klöstern haben sich schon etwas dabei gedacht, als sie mit dem Bierbrauen begannen. Was bis heute daraus entstanden ist, hat mit dem wahren Hintergrund nichts mehr zu tun.

08.03.2017 / 12. Tag | Weitnau – Genhofen

Noch am Abend des Vortages hatte ich mich entschieden, so, wie ich die letzte »Last« im Inneren (am 9. Tag) abgelegt hatte, meine Last im Außen zu verringern. Dazu habe ich mein Zelt, meine Isomatte und meinen Schlafsack gut verpackt (mit dem benötigten Verpackungsmaterial hat mich meine hilfsbereite Gastgeberin versorgt) und mit der Post nach Regensburg gesendet. Wie im Innen, so auch im Außen, wie das wieder perfekt zusammenpasste!

Mein Weg nach Genhofen führte mich wieder in die tiefverschneiten Wälder und hinauf in die Berge. Hier lag der Schnee stellenweise hüfthoch und dies machte das Vorankommen um einiges anstrengender als gestern. Gute drei Kilometer vor Genhofen, meinem heutigen Tagesziel, gab mir mein Körper, nachdem wir aus den Wäldern und von Bergen heraus und herab waren, zu verstehen, dass es ihm für heute reichte. Der linke Knöchel brannte und ebenso das rechte Knie. Ich bin daraufhin von der ursprünglichen Route abgewichen und auf dem direkten Weg weiter in Richtung Genhofen gewandert. Dort an meiner Bleibe für die Nacht angekommen, wurde ich sehr freundlich in Empfang genommen, von Irene, die für diese Nacht meine Gastgeberin war. In meinem Zimmer war schön eingeheizt und nach dem Duschen gab es gleich ein reichhaltiges Abendessen, das keine Wünsche offen ließ. Zuerst eine heiße Kartoffelsuppe, angebräunter Leberkäse mit Spiegelei und dazu gemischtes Gemüse, eine Tasse Kaffee und eine Halbe Weißbier als »Nachspeise«. Mit der Irene habe ich mich, während meine Wäsche gewaschen wurde, sehr angeregt über spirituelle Themen unterhalten. Mit ihren vierundachtzig Jahren war sie »fit« in jeder Hinsicht und ziemlich locker aufgelegt. Auch Irene sprach darüber, dass eine »Reinigung« über uns alle kommen wird. Sie selbst werde diese aber nicht mehr erleben. Wir hätten aus all diesen Kriegen, dem Elend, diesen Hungersnöten etc. nicht das Geringste gelernt und dementsprechend auch nichts zum Besseren hin verändert. Sie ist nicht die Erste, die von sich aus über diese »Reinigung« spricht, dies war auch schon bei meinem Unterwegssein im Oktober 2016 der

Fall gewesen. Unabhängig von diesen beiden Etappen auf meiner Reise zu mir *selbst* treffe ich auf Menschen, die dieses Thema ansprechen.

Auch an diesem Tag war mir unterwegs die Hilfe meines Schöpfers und Wegweisers zuteilgeworden. Er wies mir auf meine Bitte hin auch dieses Mal wieder gleich meinen Weg. Obwohl ich mich exakt an den Routenplaner gehalten hatte, habe ich mich erneut »verfranzt«. Wenn mir Hilfe gegeben ist, dann nehme ich diese in Dankbarkeit und Demut an. Sie zeigt mir, dass ich an einem Punkt angelangt bin, an dem ich noch auf Unterstützung von außen angewiesen bin. Sich dessen bewusst zu sein und es sich einzugestehen, auch wenn dies jetzt paradox erscheint, ist ein weiteres Attribut von Bewusst-Sein. Für mich ist in diesem Sich-Verfranzen noch eine kleine »*Selbstprüfung*« enthalten. Aber in Bezug auf diese hülle ich mich in Schweigen. Ich habe auch diese weitere Prüfung bestanden.

Nachdem Irene und ich unser Gespräch beendet hatten, zog ich mich zur Nachtruhe auf mein Zimmer zurück, um meinem Körper die nach dieser anstrengenden Tour nötige und sich auch »schwer verdiente« Erholung zu kommen zu lassen.

09.03.2017 / 13. Tag | Genhofen – Lindenberg

Irene und ich haben uns, nachdem ich bereit war, meinen Weg fortzusetzen, mit einer sehr langen und herzlichen Umarmung voneinander verabschiedet. Wir gaben uns noch gegenseitig etwas mit auf unseren weiteren Weg: so zu bleiben, wie wir sind. Wenn

Gleiches und Gleiches zusammenkommt, fühlt es sich hervorragend an. Wir sind uns in so vielen Empfindungen und Sichtweisen auf bestimmte Themen einig. Sie ist sich ihres wahren Selbst außerordentlich bewusst. Ihr ist bewusst, dass sie nicht jedem helfen kann, dies sei auch nicht die Aufgabe von Einzelnen, sondern unser aller Aufgabe und auch Verantwortung. Schließlich sind wir hier, um füreinander da zu sein. Eine von vielen Erkenntnissen, die ich mit diesem kleinen Erdenengel gemeinsam habe, denn genau das ist sie, weil sie ihr Leben lang schon völlig selbstlos für andere da ist durch ihre Hilfsbereitschaft, Gastfreundschaft und Nächstenliebe. Irene hat schon vielen Mitmenschen in deren größter und auch kleiner Not in verschiedenster Form zur Seite gestanden.

»Niemand ermüdet, wenn er seinen Nutzen sucht; Nutzen aber gewährt eine Tätigkeit im Einklang mit der Natur. Werde drum nie müde, deinen Nutzen zu suchen, indem du andern nützest.« *

Marc Aurel

Die Strecke von Genhofen nach Lindenberg hatte ich aufgrund des intensiven Dauerregens nonstop zurückgelegt. Ich war trotz meiner Regenkleidung nass bis auf die Unterwäsche. Aber der Regen konnte meiner überaus guten Stimmung keinen Abbruch tun. Ich war sogar versucht zu singen, ließ aber dann doch davon ab, aus

* Marc Aurel: *Wege zu dir selbst*

Rücksicht auf meine Außenwelt. In Genhofen angekommen, war meine Quartiersuche zunächst erfolglos. Die beiden ersten Hotels waren geschlossen und die auf der anderen Straßenseite liegende Privatunterkunft voll besetzt. Eine Hotelempfehlung in meinem Reiseführer brachte dann nach einem kurzen Gespräch das gewünschte Ergebnis hervor. Das Hotel lag allerdings am anderen Ende der Stadt, also mindestens noch eine weitere Stunde durch den Regen, der kein bisschen nachgelassen hatte. Aber die Aussicht auf ein warmes Zimmer, eine heiße Dusche, trockene Kleidung und eine warme Mahlzeit machte den Regen wett.

Die Stunde durch den Regen blieb mir dann doch erspart. Neben mir blieb eine sehr attraktive Frau mit ihrem Van stehen und fragte mich, ob ich Hilfe benötige, was ich in Bezug auf die Wegbeschreibung zum Hotel bejahte. Sie bot mir doch glatt an, mich dorthin zu fahren, was ich sofort dankend annahm. Ich gab ihr aber zu bedenken, dass ich ja pitschnass war und ihr den Beifahrersitz völlig durchnässen würde. Kein Problem, denn mit einen Handgriff ihrerseits nach hinten war eine Decke über den Sitz gelegt.

Nach ca. zehn Minuten Fahrzeit checkte ich im Hotel ein. Dort wurde mir ein Wäschekorb gegeben, sodass ich meine nasse Kleidung hineintun konnte, die mir dann von einem der Zimmermädchen zum Trocknen abgenommen wurde. Hilfe über Hilfe und dies innerhalb kürzester Zeit.

Nach dem Mittagessen wurde mir im Hotel ein Regenschirm überlassen und dann machte ich mich auf, um in Lindenberg ein Café oder eine Bäckerei aufzusuchen. Denn trotz des üppigen Mittagessens war der Hunger meines Körpers nach Kohlenhydraten noch immer nicht gestillt. Eine kleine Bäckerei mit der Möglichkeit zum gemütlichen Sitzen und Aufhalten war alsbald gefunden. Dort bekam dann mein Körper das, wonach er verlangte: Kaffee und Gebäck, dazu eine Unterhaltung mit einer der Verkäuferinnen. Diesmal war ich aber nicht der Lichtarbeiter, ich war einfach nur als Gast dort.

Auch wenn es nun unglaublich klingen mag, nach der Rückkehr im Hotel war gleich Weiteressen angesagt, nämlich Abendessen, und dies mit Vorspeise, Hauptgang und einem ganz feinen Dessert.

10.03.2017 / 14. Tag | Lindenberg – Lindau am Bodensee

Am letzten Tag auf dieser Etappe war ich bereits beim Frühstück einer der Kellnerinnen als Lichtarbeiter behilflich, Antworten auf die ein oder andere Frage zu finden. Los ging es heute bei strahlendem Sonnenschein und der Weg nach Lindau führte überwiegend durch den Wald. Auf dem Weg lernte ich noch zwei Frauen kennen, denen ich beiden dazu bestimmt war, als Lichtarbeiter in ihr Leben zu treten. Unsere Unterhaltung dauerte doch gute eineinhalb Stunden. Auch diesen beiden konnte ich erfolgreich behilflich sein.

Eine kurze Mittagspause legte ich, wie soll es auch anders sein, in einem kleinen Café ein.

Ohne weitere Unterbrechung dieser Strecke erreichte ich Lindau am frühen Nachmittag. Das intensive Gefühl nach den vergangenen vierzehn Tagen und mehr als dreihundert zurückgelegten Kilometern, dies bei Regen, Sonne, Frost und auch reichlich Schnee, bei meiner Ankunft war überwältigend. Ich habe vor Glück geweint, auch dieses Mal meine gesteckten und mir bestimmten Ziele im Außen und auch vor allem in meinem Inneren wieder vollkommen erreicht zu haben. Mein erster Gedanke war tatsächlich: Wenn ich nur wegen dieses einen Gefühls, das des Glücklichseins, diese doch auch für meinen Körper teilweise sehr anstrengende Reise auf mich genommen habe, dann war es das für mich absolut wert. Nichts geschieht einfach so, selbst für Gefühle, Emotionen und Empfindungen sind entsprechende Handlungen erforderlich.

Am Bahnhof angekommen, habe ich mir gleich eine Fahrkarte gekauft und mein »Notbrot« von Ilse gegessen. Darauf hatte sie noch beim Frühstück bestanden, dass ich mir ein »Notbrot« mit auf den Weg nehme. Und ich war sehr froh darüber, dass sie darauf gepocht hatte. Denn um mir einen Kaffee am Bahnhof zu kaufen, dafür reichte mir mein letztes Bargeld gerade noch. Im Zug lernte ich dann noch zwei weitere Frauen kennen, die mit mir das Gespräch suchten und für die ich dazu bestimmt war, der Lichtarbeiter zu sein. Dabei verteilte ich dann auch noch meine letzte mitgeführte Visitenkarte – so (k)ein Zufall.

Die Fahrt nach Regensburg dauerte fünf Stunden und kurz vor dreiundzwanzig Uhr war ich zuhause angekommen. Raus aus den Klamotten und – es war mir gleichgültig, dass ich etwas strenger »duftete« – gleich ab ins Bett. Somit endete ein langer, aber durchweg sehr schöner und positiver Tag.

30. Nachwort – Resümee 2

Gleich vorweg, auch diese Etappe auf meiner eigenen Reise zu mir *selbst* ist wie bereits die erste dieser Art für mich *selbst* in jeder Beziehung vollkommen erfolgreich verlaufen. Ich konnte während des Unterwegseins zuvor Begonnenes beenden, dazu zählt, wie ich es ja bezeichne, diese »Reinigung«. Wie am neunten Tag, als ich das mit meiner Mutter auflöste und mich dadurch von einer letzten Last im Inneren befreien konnte. Durch das Überwinden aller »Hindernisse« im Außen, der zum Teil extremen Witterungsverhältnisse und der Widerstände im Inneren bin ich weiter gereift und meinem obersten Ziel, vollkommenes Bewusst-Sein-Werden, wieder ein gutes Stück näher gekommen. Nicht weniger der Erfüllung meiner Bestimmung als Lichtarbeiter. Ich konnte als solcher sehr wichtige Erfahrungen, Erkenntnisse und auch Selbsterkenntnisse erlangen, die ich natürlich in meine Arbeit als Lichtarbeiter mit einfließen und »meinen« nächsten »Reisenden« zugute kommen lasse. Alles wird von mir im Fluss gehalten, das schließt auch diese gewonnenen Erfahrungen mit ein.

Der Verlauf der von mir zurückgelegten Strecke spiegelt sehr deutlich, dass das Leben nie linear verläuft, sondern in einem gleichmäßigen Wellenmuster. Nach oben auf den Gipfel und auf der anderen Seite wieder hinab ins Tal. Um das Wissen, dass, wenn es mal nicht so positiv (unten im Tal angelangt) im Leben verläuft, der Weg gleich wieder bergauf (Gipfel) führt. Und ja, sogar unten genauso wie oben glücklich zu sein. Nicht den Glauben, das Vertrauen, die Hoffnung und den Mut zu verlieren. Ich bezeichne dieses Wellenmuster als Rhythmus des Lebens, in den es wieder einzutreten und mitzuschwingen gilt. Ich empfinde diesen Rhythmus als wundervoll. Er verhilft mir dazu, auf meiner eigenen Reise zu mir *selbst* zu bleiben und wegweisende Erfahrungen zu sammeln.

Immer gibt es dieses Auf und Ab im Außen und ich sehe vor allem im Ab, dass mir damit die Möglichkeit zum weiteren Wachsen und Reifen, für Veränderung und Transformation gegeben wird. Es ist sehr wichtig für das Weiterkommen auf der Reise zu dir *selbst*. Nun ist mir bewusst, warum der Zeitpunkt auf diese Jahreszeit fiel und gerade mir diese Strecke bestimmt war: um zu dieser Erkenntnis zu gelangen.

Auch mein Zusammentreffen mit meinem Schöpfer von Angesicht zu Angesicht war so schon lange vorherbestimmt. Der Versuch, meine Gefühle, die ich dabei empfunden habe, in Worte zu fassen, wäre schlichtweg vergebens. Diese Begegnung muss von jedem *selbst* erlebt und erfahren werden, nur so kann sich ihre Wirkung mitteilen. Unser Schöpfer möchte von uns nicht angebetet werden, schon gar nicht, dass wir dazu auf die Knie fallen. Er wünscht sich von uns allen in Liebe und Dankbarkeit als unser Vater und Schöpfer angenommen zu werden. So wir wie das mit unseren »Erdeneltern« auch tun.

Mein Glaube und mein Vertrauen, meine Geduld und Beharrlichkeit, die Bereitschaft zum Loslassen und für Veränderungen sind auch nach dieser Etappe unumstößlich und bedingungslos. Ich empfinde sogar noch intensiver und gefestigter als zuvor. Mir wurde auch dieses Mal wieder Hilfe und Unterstützung in diverser Form zuteil. Selbst die mir vorhergesagten finanziellen Mittel, die es mir ermöglichten, in festen Unterkünften einzukehren, statt wie beabsichtigt jede Nacht im Zelt zu schlafen. Auch dies war mir so bestimmt, denn sonst hätte ich all diese vielen Menschen nicht kennengelernt und die daraus resultierenden Erfahrungen, Erkenntnisse und Selbsterkenntnisse sammeln können. Alles fügte sich auf dieser Etappe wieder nahtlos ineinander und spielte perfekt zusammen. Keine meiner Zusammenkünfte war Zufall, alle waren sie mir und auch jeweils meinem Gegenüber so vorherbestimmt. Nun liegt es bei jedem Einzelnen von ihnen, die Hilfe, um die sie gebeten haben und die ihnen durch mich als Lichtarbeiter gesandt wurde, auch intensiver in Anspruch zunehmen. Das wird auch zum *richtigen Zeitpunkt* geschehen, denn auch dieser ist bereits für jeden von »meinen Reisenden« bestimmt. So wie ich ihnen entgegengehe, zu ihnen geführt werde, um mich als die Hilfe erkennen zu geben, die erbeten worden ist, liegt es nun an jedem Einzelnen, den Weg zu mir und somit zu unserem Schöpfer auf sich zu nehmen. Viele waren bereits auf der Suche nach sich *selbst*. Damit beginnt es, aber noch nicht so weit, um sich auf die Reise zu sich *selbst* zu begeben. Das war auch der Grund, warum ich Flyer und Visitenkarten dabeihatte. Diese dienen als Wegweiser zu mir, wenn eben der »richtige Zeitpunkt« für die »Reise« gekommen ist. Zuerst wollte ich einzig Visitenkarten einpacken, aber ich griff intuitiv auch zu den Flyern. Bis dieser Zeitpunkt gekommen ist, gilt es nun geduldig zu sein und andere Reisende auf ihrer Reise zu sich *selbst* zu begleiten.

Dass ich meine tiefe und gründliche »Reinigung« abgeschlossen habe, dafür sprechen das Unterwegssein an zwei aufeinanderfolgenden Tagen in diesem reinen weißen Tiefschnee, der Dauerregen, der darauf folgte, und der strahlende Sonnenschein von morgens bis abends am letzten Tag meiner Etappe. In Bezug auf den Dauerregen sagte die Irene noch etwas zu mir: dass ich am Abend nicht zu duschen bräuchte, weil ich den ganzen Tag im Regen unterwegs sein und somit gereinigt würde.

»Dein Weg zum Bewusst-Sein-Werden
ist mit ständiger Wandlung und Verwandlung
deiner selbst verknüpft.
Er beginnt im Innersten und findet
die Vollendung in der Manifestation im Außen.«

31. Schlusswort

Nun bist du am Ende meines Buches angekommen. In ihm steckt sehr viel meiner Aufmerksamkeit und Liebe. Als ich das fertige Skript vor mir auf meinem Schreibtisch liegen sah, war mein erster Gedanke: ›Ach du Scheiße, ich bin ja fertig mit Schreiben.‹ Ich hatte tatsächlich mein erstes Buch geschrieben. Vom ersten Gedanken daran, damals auf dem Weg zum Gipfel des Klostersteig, bis zur Manifestation waren anderthalb Jahre vergangen. Meine Freude darüber hielt sich zu Beginn sehr in Grenzen, weil ich noch nicht so richtig erfasst hatte, was ich damit vollbracht hatte. Erst am nächsten Tag überrollte mich die Freude über das Erreichte dermaßen, dass ich hemmungslos geweint habe. Unbeschreiblich, dieses intensive Gefühle der Freude.

Oft habe ich an mehreren Kapiteln gleichzeitig geschrieben. Bevor ich mich auf meine eigene Reise zu mir *selbst* aufgemacht hatte, war es mir nicht möglich, mehrere Dinge zeitgleich zu tun. Heute schon, weil ich meine ganze Aufmerksamkeit nur auf das Schreiben lenkte und mich von nichts in meinem Außen dabei

habe ablenken lassen. Ich war dabei im *Hier und Jetzt*.
Eine von vielen positiven Veränderungen zum Bewusst-
Sein-Werden hin. Mein eigenes Buch hat in mancherlei
Hinsicht auch für mich *selbst* dazu beigetragen, Licht
ins »Dunkel« zu bringen, im Innen, aber überwiegend
im Außen. Hier besonders in Bezug auf das, was so mitgeteilt wird (Channeling, Lichtkörperprozess etc.), und
in Bezug auf viele, die in der Illusion leben, Bewusst-
Sein zu sein.

Lässt mich meine Bestimmung als Lichtarbeiter erhaben über andere sein? Ich bin ich, ich *selbst* und damit Bewusst-Sein. Einer von sehr vielen von uns, aber
ganz sicherlich nicht mehr und nicht weniger »wert«
als jeder andere Mensch auch. Nein, es überhebt mich
nicht über andere. Es wird dennoch manche geben, die
das anders sehen. Aber ich bin nicht für die Gefühle,
die Emotionen, die Empfindungen und auch nicht für
die Wahrnehmung anderer verantwortlich, das ist niemand von uns.

Weiß ich mehr? Sicherlich nicht, ich schaue lediglich
über den Tellerrand hinaus und noch ein gutes Stück
weiter, dazu bin ich noch achtsam und wachsam. Zusätzlich schenke ich nicht allem Glauben, nur weil es so
geschrieben steht. Nicht mehr und nicht weniger. Wissen wir dann nicht alle mehr als andere? Ja, allein schon
aufgrund all unserer eigenen gesammelten Erfahrungen, die ja unser wahres Wissen sind. Selbst wenn viele
von uns die annähernd gleichen Erfahrungen gemacht
haben, nimmt jeder Einzelne von uns diese doch völlig anders wahr. Keiner von uns kann über alles Wissen

verfügen, denn dies würde bedeuten, dass jeder Mensch dieselben Erfahrungen auf dieselbe Art und Weise machen würde. Niemand von uns weiß mehr als der andere, wenn ich jetzt mal ganz bewusst das angelernte »Wissen« außen vor lasse. Dies ist schon aufgrund der Tatsache, dass wir alle Individuen sind, höchst unwahrscheinlich. Ist es nicht eher so, dass jeder Einzelne von uns auf seine Weise »mehr« weiß, dadurch, dass es seine eigenen Erfahrungen sind, die ihn selbst weise sein lassen? Wer weiterhin »glaubt«, mehr zu wissen als viele andere, der ist nach meinem Empfinden noch sehr stark im Ego verhaftet. Mit solch einem »Glauben« erhebt sich derjenige und dies ist schlechthin ein Attribut des Egos.

Ich wünsche mir, dass ich dir durch mein Buch helfen konnte, deinen »Schleier des Vergessens« ein Stück weit zu lüften oder du dadurch eventuell erst begonnen hast, Licht in das ein oder andere zu bringen, und dass du dich dazu aufgemacht hast, auf deiner eigenen Reise zu dir *selbst* zu sein.

Stellen sich dir dennoch Fragen zum Buch oder auch neue, dann besteht für dich die Möglichkeit, mit mir persönlich in Kontakt zu treten, und wenn du möchtest, begleite, leite und führe ich dich auf dieser deiner »Reise« hin zum *Bewusst-Sein-Werden*. Und das tue ich sehr gern, dafür bin ich ja schließlich unter anderem hier. Für mich gibt es keine »Unterschiede« bzw. ich differenziere nicht in Bezug auf deine Herkunft, deine Sprache, deine Hautfarbe, welcher Religion du angehörst, ob Alt oder Jung, Groß oder Klein, ich bin für alle der Lichtarbeiter, weil ich eins bin mit allen und allem. Weil ich Bewusst-Sein bin, zumindest ein gutes Stück näher daran, es zu sein. Denn auch ich befinde mich nach wie vor auf meiner eigenen Reise zu mir *selbst*. Und wahrlich, es ist die schönste, erkenntnisreichste und längste Reise überhaupt, auf der es noch sehr viel Neues und auch vieles zum Wiederentdecken gibt.

Mir steht bis heute niemand im Außen bewusst zur Seite. Ich bin aus eigener Energie dorthin, wo ich jetzt im Augenblick bin, hingelangt und angekommen. Aber ich bin mir sehr bewusst, dass mir permanent von vielen Menschen, die Teil meines Weges waren, sind und noch sein werden, ohne dass sie sich selbst dessen bewusst sind, Hilfe und Unterstützung zuteilwurde und werden wird. »Hilf dir *selbst*, dann ist (wird) dir geholfen«: Dieser Spruch trägt Wahrheit und Weisheit in sich.

Bewusst-Sein-Werden hat rein gar nichts mit Teleportation, Telekinese, Prana etc. gemein. Dass wir all diese Dinge können, daran hege ich keinen Zweifel. Aber nicht hier in der menschlichen Daseinsform – ich habe bereits erläutert, warum und wieso.

Das Buch gewährt dir einen kleinen Einblick in mich *selbst* und auch in meine Arbeit als Lichtarbeiter. Wie du sicherlich erkannt hast, verhelfe ich dir nicht dazu, dass du zu einem »galaktischen Menschen« transformierst. Das brauchst du auch nicht. Die Erfüllung meiner Bestimmung hat nichts damit zu tun, dass du oder ich übermenschliche Fähigkeiten entwickeln, über diese verfügst du bereits, aber wie bereits dargelegt, nicht in deiner menschlichen Form. Wenn überhaupt, dann sehr eingeschränkt. Wenn du es so sehen möchtest, dein »Zauberstab« ist nicht voll funktionsfähig.

Allein durch die Tatsache, dass wir alle zur gleichen Zeit hier sind und uns das Leben miteinander verbindet und uns dadurch eins sein lässt, ist jeder auf seine eigene Art und Weise einzigartig und auch wunderschön. Unabhängig von seinem bisher gelebten Leben, mit all den darin enthaltenen Erfahrungen und seiner Geschichte. Jeder von ist reine Liebe und reines Licht und damit die schönste Form von Leben, und das im gesamten Universum. Die dennoch auch zu gleichen Teilen die Dunkelheit beinhaltet. Vergiss dies nie, sie ist und bleibt ein Teil von dir *selbst*.

Vielleicht ist es dem einen oder anderen von euch beim Lesen aufgefallen, dass ich das Glaubensbekenntnis der Lichtarbeiter bereits lebe – und dies, bevor es mir in die Hände fiel. Ich bin es schlichtweg *selbst* und das schon über einen sehr langen Zeitraum. Ich wurde mir dessen selbst erst während des Schreibens wieder bewusst.

Wenn ich jetzt, soweit es mir die Erinnerung erlaubt, auf meinen bisher zurückgelegten Weg blicke, auf mein bisheriges Leben, ich würde daran absolut nichts ändern wollen, selbst dann nicht, wenn mir die Möglichkeit dazu gegeben wäre. Ich würde es in jeder Hinsicht wieder so erleben wollen, Tag für Tag. Denn es verläuft genau so, wie ich es mir *selbst* ausgewählt und bestimmt habe. Es liegen noch viele Jahre vor mir, in denen es für mich noch vieles zu erleben, zu erfahren, zu erledigen und zu erfüllen gibt, bevor ich mich zum letzten Mal auf diese Weise endgültig auf meine Heimreise begebe.

Ich danke dir, dass du mir durch das Lesen meines Buches einen Teil deiner Aufmerksamkeit geschenkt hast.

In Liebe und Dankbarkeit

Frank – Lichtarbeiter

Danksagung

Bei einigen mir sehr wichtigen Menschen möchte ich mich hiermit bedanken:

Bei meinen beiden wundervollen und wunderschönen Kindern, die mir ständig ihre Liebe zeigen und mich fühlen lassen.

Bei meiner Lektorin, Frau Andrea Stangl, für ihre professionelle und auch sehr fruchtbare Zusammenarbeit. Dank ihr ist aus diesem Rohstein ein Juwel entstanden, das durch ihre liebevolle Arbeit den letzten Schliff und die abschließende Politur erhalten hat. Mein Buch ist von Anbeginn an in die richtigen Hände gelegt worden, die dazu bestimmt waren, es zu vollenden.

Lydia, meiner Schwester, für ihre Zeit, ihre Geduld mit mir, die vielen anregenden Gespräche und so vieles mehr.

Bei meinem sehr guten Freund und Bruder im Geiste, Michael, der seit vielen Jahren schon ein Wegbegleiter ist.

Katji, meiner ersten »Reisenden«; mit ihr habe ich begonnen, meine Bestimmung als Lichtarbeiter zu erfüllen. Sie ist mir mittlerweile auch eine sehr gute Freundin, die mich bei meiner »Arbeit« unterstützt, indem sie mir meine Texte Korrektur liest. Unsere Gespräche auf spiritueller Ebene genieße und wertschätze ich sehr.

Einer für mich ganz besonderen Frau, der ich sehr viel zu verdanken habe und der ich auf meine Art und Weise davon etwas zurückgeben möchte. Du wirst es verstehen.

Da wäre noch die Daniela (meine Exfrau). Sie hat es mir durch sehr viele Dinge ermöglicht und sie tut es immer noch, dass ich auf meiner Reise bin. Sie hat mir ebenso einen Großteil meiner Texte korrigiert. Ich kann an dieser Stelle für uns beide sprechen, wenn ich sage, dass wir einander mittlerweile sehr wertschätzen, respektieren und achten. Dies bedeutet mir sehr viel, weil das nicht immer so war. Es war ein langer Weg dorthin, aber letztendlich zählt nur das Ergebnis. Ja, es macht mich sogar sehr glücklich.

Und den vielen anderen Mitmenschen, ohne die dieses Buch erst gar nicht entstanden wäre. Denen ich all meine bisher gesammelten Erfahrungen verdanke. Somit ist dieses Buch bei genauerer Betrachtung, ein »Gemeinschaftsprojekt«, das ich lediglich manifestiert habe.

Meine Kontaktdaten:
Frank Jubelius
Mobil: 0151 44 520 368
WhatsApp / SMS
f.jubelius@t-online.de
www.lichtarbeiter-frankjubelius.de

Quellenangaben

MARC AUREL: *Wege zu dir selbst*. Aus dem Griechischen von Otto Kiefer. Insel-Verlag, 2011

RHONDA BYRNE: *The Secret*. Arkana-Verlag, 2012

CHARLIE CHAPLIN über Selbstliebe: Rede an seinem 70. Geburtstag am 16.04.1959. Original-Publikation: Kim McMillen with Alison McMillen (Hrsg.): *When I Loved Myself Enough: Inspiring words to help you find happiness*. Verlag McMillan, 2001

CHRISTOPHER RIVAS: *A Lightworker's Creed* (›Ein Glaubensbekenntnis der Lichtarbeiter‹; aus dem Englischen übersetzt von Daniela Wörle). – Zitate aus dem Internet entnommen mit freundlicher Genehmigung des Autors. Herzlichen Dank!

Alle anderen Sinnsprüche stammen von mir und sind mein »geistiges Eigentum«. Sie dürfen aber gern weitergetragen werden; dies ist sogar ausdrücklich erwünscht. Letztlich gehören sie uns allen, weil wir alle EINS sind.